자유의지와 과학

자유의지와
과학

FREE

_____*Alfred R. Mele*

앨프리드 R. 밀리 지음
이풍실 옮김

P 필로소픽

FREE: Why Science Hasn't Disproved Free Will
C · O · N · T · E · N · T · S

서문

자유의지가 환상일 뿐이라고 말하는 사람들이 있다. 이 책은 이런 주장이 옳다는 것을 증명하기 위해서 설계된 과학적 실험들을 다룬다. 나는 이 실험들을 모두가 이해할 수 있는 방식으로 서술하고, 이 실험들이 자유의지가 없다는 것을 입증하는 것이 아닌 이유를 설명한다. 사실 자유의지가 존재하지 않는다는 것을 보여주는 강력한 과학적 증거가 있다는 바로 그 생각이 환상이다.

이 서문을 쓰고 있는 지금, 나는 〈자유의지에 관한 커다란 질문들Big Questions in Free Will〉 프로젝트의 4년짜리 단장직의 마지막 해를 보내고 있다. 이 프로젝트는 존 템플턴 재단John Templeton Foundation이 제공하는 440만 달러 기금으로 운영된다. 재단의 연구비를 받는 동안 나는 학문에 종사하는 독자들을 대상으로 저술을 계속해 왔고, 또한 최근에는 《자유의지와 과학에 대한 대화A Dialogue on Free Will and Science》(2014)라는 책을 통해서 대학생들에게도 내 연구를 접할 수 있게 하였다. 그 후 나는 이제 모든 대중도 내 연구 결과를 알 수 있게 해야 겠다고 결심했고, 그 결과 이 책이 나왔다. 편집을 탁월하게 보조해 준 줄리언 맥컬과 루시 랜들에게 감사한다. 원고에 대해서 유익한 충고를 해준 마이클 맥케나, 마크 밀리, 마누엘 바르가스에게 많은 빚을 졌다.

이 책의 저술은 존 템플턴 재단의 재정 지원을 통해서 가능 했다. 여기서 내가 개진하는 견해들은 나 자신의 것이며 꼭 존 템플턴 재단의 관점을 반영하는 것은 아니다. 방금 내가 쓴 두 문장들은 공식적인 기록을 위한 것이다. 비공식적인 말 을 하자면, 내 프로젝트를 수행하면서 존 템플턴 재단의 훌륭 한 사람들(알렉스 아널드, 존 처칠, 댄 마틴, 마이크 머리)과 함께 일하게 되어 아주 즐거웠다. 〈자유의지에 관한 커다란 질문 들〉 프로젝트의 참여자들은 이미 자유의지에 관한 수많은 최 첨단의 과학적, 이론적 연구 업적을 쏟아냈다. 이들의 업적은 향후 자유의지를 주제로 하는 훌륭한 업적들이 더 많이 나올 수 있게 해줄 것이다. 존 템플턴 재단의 도움에 감사드린다. 그리고 재단은 나뿐만 아니라 프로젝트를 통해서 내가 도울 수 있었던 모든 연구자들에게 기금을 제공함으로써 연구 기 회를 마련해 주었다. 이런 기회를 마련해 준 점에 대해서도 재단에 감사드린다. 〈자유의지에 관한 커다란 질문들〉 프로 젝트를 통해서 우리가 얻게 된 성과에 관심이 있는 독자들은

《자유의지의 주변Surrounding Free Will》(2015)과 PBS¹ 텔레비전 시리즈인 〈진리에 더 가까이Closer to Truth〉에서 방영된 이 프로젝트에 대한 방송분들을 찾아보면 좋을 것이다.

---

1 PBS, Public Broadcasting Service는 미국의 민간법인 방송으로 정부의 자금 지원과 개별시청자들의 후원을 받아서 비영리로 운영되고 있다.

Chapter 1

자유의지의 개념

오늘날 과학계에서는 자유의지의 존재를 부정하기 위해서 주로 다음과 같은 두 논증을 제기한다. 하나는 신경과학neuroscience 에서 나오는 논증인데, 그 기본 주장에 의하면 우리의 모든 결심들은 무의식적으로 이루어지며 이 때문에 자유롭게 이루어지는 결심은 없다. 다른 한 논증은 사회심리학에서 나온다. 우리에게 의식되지 않는 요인들이 우리의 행동에 미치는 영향이 너무 강력하기 때문에 자유의지가 성립할 여지가 전혀 없다는 것이 이 논증의 기본 주장이다.

이 논증들의 근거 역할을 하는 실험들에 대해서 논의하기 전에, '자유의지'가 무엇을 의미하는지에 대해서 어느 정도 이야기할 필요가 있다. 길을 지나가는 행인들이 이 주제에 대한 인터뷰에 응한다면, 이들의 견해는 통일되지 않고 몇 가지 서로 다른 견해들이 대립할 것이다. 비교적 소수에 속하는 견해에 따르면, 자유의지는 오직 영혼 속에 기거한다. 즉 자유의지는 생명의 초자연적인 측면이라는 것이다. 그 밖의 다른 사람들은 영혼이 있든 없든 상관없이 자유의지는 영혼에 의존하지 않는다는 관점을 취한다. 그렇다면 **이러한 후자의 관점을 견지하는 사람들은** 자유의지를 어떻게 정의할까? 이들 중 일부는 다음과 같이 말할 것이다. 당신이 도가 지나친 강제 undue force [1]하에 있지 않고, 스스로 합리적이고 근거가 있는 결심들을 할 수 있으며, 이러한 결심들을 바탕으로 행위할 수 있는 한에서, 당신에게는 자유의지가 있다. (장전된 총으로 위협을 받는 것은 도가 지나친 강제하에 있는 경우의 좋은 예가 될 것이다.) [자유의지가 영혼의 존재를 필요로 하지 않는다고 생각하는 이들 중] 나머지 다른 사람들은 앞서 방금 이야기한 능력 외에도 뭔가 중요한 것이 추가되어야만 한다고 주장한다. 만일 누군가에게 자유의지가 있다면, [실제의 결심과는] 다른 결심을 하는 것이 가능해야 하며, 이러한 결심들은 심오한 방식으

---

1 원칙적으로 저항하는 것이 절대로 불가능하다고 볼 수는 없지만 상식적으로 볼 때 저항하기를 기대하는 것이 거의 불가능한 경우를 말한다. 본문에서 나오듯이 총구를 머리나 심장에 들이대고서 죽인다고 협박을 한다거나, 가족을 인질로 잡고 위협하는 등 심각한 수준의 강요가 이에 해당하는 예시들이다.

로 열려있는 선택지가 되어야 한다. 나는 이제 이러한 심오한 방식이 무엇인지를 밝히려고 노력할 것이다. (6장에서 이에 관해 좀 더 설명해 보겠다.)

때로는 상황이 조금 달랐더라면 당신이 실제로 했던 것과는 다른 결심을 했을 수도 있다. 예를 들어, 가치 있는 대의를 위해서 실제로는 10달러를 기부하였지만, 만일 약간 기분이 더 좋았다면 20달러를 기부했을 수도 있다. 그러나 이것만으로는 지금 문제가 되고 있는 종류의 열려있음이 성립하기에는 부족하다. 현재 문제가 되는 선택지의 열려있음을 **심오한 열려있음**deep openness 이라고 부르자. 필요한 것은 당신이 실제로 결심을 했던 그 순간의 모든 것, 즉 당신의 기분, 모든 생각과 느낌, 뇌, 주변 환경, 그리고 우주 전체와 역사 전체까지도 정말 전부 그대로 주어져 있는데도 그 당시에 둘 이상의 선택지가 열려있었다는 것이다. 상황이 약간 달랐다면 내가 다른 결심을 했을 수도 있다는 것과, 선행하는 어떤 차이도 없는 상황에서 다른 결심을 했을 수도 있다는 것은 다르다. 후자의 경우에는 내가 앞으로 논의하게 될 두뇌 속의 모종의 유연성이라는 것이 요구된다.

자유의지에 관한 이러한 세 가지 다른 관점들은 주유소에 있는 표준적인 석유 선택지에 비유될 수 있다. 어떤 사람들은 고급 기름을 선택한다. 내가 앞에서 설명했던, 자유의지를 영혼 속에 기거하는 초자연적인 것으로 보는 관점을 이에 비유

할 수 있다. 다른 사람들은 중간 품질 기름을 선호하는데, 이것은 앞서 말한 심오한 열려있음의 특징을 가지며 영혼의 존재 여부에는 관여하지 않는 자유의지의 관념에 대응한다. 남은 사람들은 여전히 보통 기름을 자동차에 채우는 것으로 만족할 수 있는데, 이것은 자유의지에 대한 앞의 두 관점 외의 남은 관점에 해당한다. 이 관점은 자유의지가 있으려면 합리성이 있어야 하고 강제가 없어야 한다는 점을 강조하며 심오한 열려있음에 대해서는 상관하지 않는다.

나는 여기서 자유의지를 개념화하는 위와 같은 세 가지 방식들을 평가하려 애쓰지는 않을 것이다. (만일 당신이 이 문제에 관한 철학적인 고찰에 관심이 있다면, 나의 책《자유의지와 운Free Will and Luck》을 읽어봐도 될 것이다.) 또한 나는 이 세 가지의 자유의지 개념들 중에서 어떤 하나를 다른 것들보다 더 낫다고 여기도록 설득하려 하지도 않을 것이다. 당신은 '자유의지'라는 표현의 의미를 당신이 가장 낫다고 생각하는 대로 이해하면 된다. (하지만 자유의지에 대한 스스로의 입장을 취하기 전에 '자유의지'가 당신에게 무엇을 의미하는지를 어느 정도는 성찰해 보는 것이 합당할 것이다.) 만일 당신이 '자유의지'에 부여하는 의미가 괴상한 것이 아니라면, 자유의지를 향해서 열린 문을 과학이 아주 닫아버린 것은 아니라는 점을 당신에게 납득시킬 수 있을 거라고 예상한다.

앞서 비유를 통해 설명했던 고급, 중간 품질, 보통의 자유의지 중에서 어떤 쪽을 선택하든지 상관없이, 자유의지의 존재를 믿는 대부분의 사람들은 결심이 형성되는 데 두뇌가 필수불가결한 역할을 수행한다고 믿는다. (만일 결심을 하는 데 영혼이 필수적이라고 하더라도, 영혼은 어떤 식으로든 두뇌를 통해서 작용한다.) 따라서 신경과학이 소위 자유의지의 존재에 대해서 제기하는 문제는 단순히 두뇌가 결심의 형성 과정에서 작용을 한다는 생각에 기반을 둘 리가 없다. 그렇다면 우리가 걱정해야 하는 것은 무엇일까? 여기 한 가지 대답이 있다. 우리의 결심들이 두뇌에 의해서 무의식적으로 생성되는 것은 아닌지, 그리고 그렇게 결심이 무의식적으로 형성된 후에만 우리 자신의 결심을 의식적으로 알아차리게 되는 것은 아닌지를 걱정해야 한다. 그런데 이것이 왜 그렇게 걱정거리가 될까? 그것은 **자유롭게** 결심을 하는 것은 **의식적으로** 결심을 하는 것에 달려있는 것처럼 보이기 때문이다. 만일 모든 결심들이 무의식적으로 이루어진다면, 당신이 무슨 결심을 하는지는 **당신에게 달려있는 것** up to you이 아닐 것 같다. 이것은 확실히 자유의지 찬성 측에는 나쁜 소식처럼 보인다. 우리의 결심들 모두, 아니면 전부는 아닌 다수의 결심들조차도 무의식적으로 결정된다는 것을 실제로 증명한 사람이 과연 있는지는 2장과 3장에서 다룰 주제이다.

  내가 앞으로 고찰하게 될 자유의지의 존재에 대한 또 다른 문제 제기는 사회심리학의 연구에서 나온다. 일군의 연구자들은 우리의 행위가 의식적으로 알아차릴 수 없는 요인들에 의해서 매우 강력하게 영향을 받기 때문에 자유로운 선택 또는 자유의지가 성립할 여지가 전혀 없다고 생각한다. 이러한 식의 생각에 따르면 우리가 처해 있는 다양한 상황들이 우리가 하는 일을 지시한다. 이런 경우라면, [신경과학에서 나온 주장과] 마찬가지로 우리가 하는 일은 우리에게 달려있는 것이 아니게 된다.

이 책에서 나는 자유의지가 존재하지 않는다는 점을 입증해 주는 것으로 빈번하게 주장되는 과학적 실험들이 무엇이고, 그러한 주장과는 반대로 이러한 실험들이 실제로는 자유의지가 존재할 가능성을 어떻게 광범위하게 열어주게 되는지 그 이유를 설명할 것이다. 나는 이것을 희소식으로 간주하는데, 그 한 가지 이유는 다음과 같다. 자유의지의 존재에 대한 확신을 약화시키는 것은 나쁜 행위의 발생을 증가시킨다는 증거가 있다. 한 연구(Vohs and Schooler 2008)에 따르면, 피실험자들은 과학자들이 자유의지가 존재한다는 것을 부정하고 있다는 내용의 글을 읽고 난 후 주어진 과제를 수행할 때 더 높은 확률로 부정행위를 하게 된다. 또 다른 연구(Baumeister et al. 2009)에 의하면, 자유의지의 존재를 부정하는 일련의 문장들을 제시받은 대학생들은 그렇지 않은 대조군control group에 속한 학생들에 비해서 보다 더 폭력적인 행위를 하게 된다. 이 실험군 학생들은 매운 음식을 싫어한다고 말한 사람들의 음식에 매운 살사 소스를 더 많이 넣어주었다. 자신들이 주는 음식을 이 사람들이 모두 다 먹어야만 한다는 말을 들었음에도 이들은 이러한 행위를 한 것이다.

왜 이런 일이 일어나는가? 이에 대한 한 가지 그럴듯한 설명은 아주 직설적이다. 당신에게 자유의지가 있다는 확신이 줄어들수록, 당신이 하는 행위에 스스로가 책임진다는 느낌이 약화되기 때문이다. 만일 당신에게 책임이 없다면, 부적절한 행위를 했다고 해서 정말로 당신이 그 때문에 비난받아야 마땅한 것은 아니다. 자신의 부정직함이나 공격적인 충동 때문에 한 행위에 대해서 당신 자신이 비난의 대상이 될 수 없다고 믿는다면, 부정직한 성격이나 공격적 충동을 억누르고자 하는 동기는 약화될 것이다. 따라서 당신은 실험 중 과제를 수행하면서 부정행위를 하거나 다른 사람들이 불쾌해하는 것을 먹으라고 내놓게 된다. 한 학생이 음식 위에 매운 살사 소스를 잔뜩 뿌리면서 다음과 같이 말하는 것을 상상할 수 있을 것이다. "이봐, 당신이 이 음식을 먹고 속이 쓰리다고 해서 나를 비난할 수는 없다고. 나는 내가 하는 일에 책임이 없으니까 말이야."[2]

---

2   자유의지를 옹호하는 철학자들 중(대표적으로 대니얼 데닛Daniel Dennett 이 있다)에는 저자와 같이 자유의지를 부정하는 내용을 접한 사람들이 부정직한 행위나 잔인한 행위를 하려는 경향이 더 커진다는 연구를 인용하는 사람들이 꽤 있다. 물론 사람들이 자유의지가 존재하지 않는다고 믿을 때 나쁜

나의 일차적인 목적은 자유의지에 대한 희소식을 전파하는 것이 아니다. 과학자들이 자유의지에 관해서 무엇을 입증했고 무엇을 입증하지 않았는지에 대해서 사람들이 잘못 말하고 있는 것들을 바로잡는 것이 나의 목적이다. 물론 사태에 대한 진실과 좋은 소식이 일치한다면, 그것은 언제나 그렇듯이 잘된 일이기는 하다.

이제 이 주제에 대한 나의 입장이 무엇인지를 드러낼 것이며 자유의지의 존재에 대해서 내가 긍정적인 견해를 취하고 있다는 것을 설명할 것이다. 내 의견으로는, 자유의지가 존재할 뿐 아니라 자유의지가 존재한다는 믿음은 인류의 행복을 증진시킨다. 자유의지가 존재한다는 나의 견해에 동의하는 사람들 중 일부는 이를 부정적인 방향으로 해석한다. 이들의 논증에 의하면, 자유의지가 존재하기 때문에 범죄자들을 극단적으로 가혹하게 처벌하는 것이 필요하다. 공식적으로 말해서, 자유의지에 대한 나의 저술 속에서 처벌의 정당화는 아

가치평가를 받는 행위를 하는 경향이 커진다고 하더라도, 이것 자체는 자유의지가 존재하는지 존재하지 않는지에 대해서 아무것도 말해주지 않는다. 더 나아가, 저자가 인용하는 연구들이 편향되어 있으며 다른 실험 설정하에서는 자유의지에 대한 부정적 믿음이 오히려 도덕적으로 긍정적 평가를 받는 행위를 촉진한다는 실험도 있다. 다음을 참고하라. Caspar, Emillie A. et al. 2017. "The Influence of (Dis)belief in Free Will on Immoral Behavior." *Frontiers in Psychology*. 8(20). 온라인 버전임. https://www.ncbi.nlm.nih.gov/pmc/articles/PMC5239816/

무런 역할도 하지 않는다. 나의 주된 관심사는 보다 심오하고 중요한 주제에 관해서 무엇이 참인지를 알아내는 것이다. 하지만 자유의지가 없다는 뉴스에서 의심스러운 낌새를 잘 알아차리지 못하는 독자들에게 미칠 영향 역시 걱정스럽기는 하다. [심오한 문제를 다루는 것이 일차적 목표이기는 하지만] 이러한 걱정 때문에 그러한 뉴스가 담고 있는 오류들을 드러내고자 한다. 만일 내가 이러한 오류들에 대해서 침묵을 지킨다면, 이에 관해 아무런 발언도 하지 않았다고 나 자신을 책망하게 될 것이다. 마크 트웨인은 신문에서 자신의 부고기사를 발견했을 때, 다음과 같이 익살맞게 진실을 선언했다. "제 죽음에 대한 보도는 심히 과장되어 있었네요." 자유의지의 사망선고를 전하는 보도들도 이와 다를 바 없는 상황에 처해 있다.[3]

---

3 사실 트웨인이 사망하지 않았음에도 그의 사망을 보도한 기사는 왜곡의 정도를 넘어서 명백한 거짓 정보를 전달한 것이다. 죽었다고 보도된 기사에 트웨인 자신이 반응을 내놓는 것 자체가 해당 기사의 내용이 거짓임을 드러내 준다. 이에 더해서 트웨인은 해당 기사가 자신의 죽음에 대해서 심히 과장하고 있다고 말함으로써 사태를 약화시켜서 진술understatement했다. 이를 통해서 트웨인은 간접적으로 기사 내용이 거짓임을 암시할 뿐 아니라 도대체 왜곡된 것이 무엇인지에 대한 문제를 환기시켰다. 인간인 트웨인이 언젠가 죽게 될 것이라는 점은 명백하기 때문에 트웨인이 결국 죽을 것이라는 점을 생각하면 "제 죽음에 대한 보도"라는 표현 자체는 뭔가를 의미할 수 있다. (즉 완전히 무의미한 소리는 아니라는 것이다.) 트웨인의 죽음에 대해서 뭔가를 제대로 말하려면, 트웨인의 죽음에 관한 어떤 사실이 문제가 되는지를 우선적으로 알아야 한다. 그렇지 않고서는 트웨인의 죽음에 대한 기사

철학적인 사유에서 자유의지는 도덕적 책임과 밀접하게 연관되어 있다. 책임이 주제가 되면 무거운 책임을 진 사람들이 우리 마음속에 재빨리 떠오를 것이다. 이 사람들은 버니 메이도프Bernie Madoff[4]같이 몰래 사기를 칠 궁리를 하는 사람들부터 아돌프 히틀러와 같은 대학살의 주범까지 다양할 것이다. 이런 생각은 우리의 주의를 사태의 부정적 측면에 집중시키지만, 나는 앞으로 사태의 긍정적인 측면에 주목할 것이다.[5]

가 심히 과장되어 있다고 말할 수 없다. 과장이라는 것은 진실이 있을 때 그 내용을 정도가 지나치게 부풀리는 것이기 때문이다. 자유의지에 대한 기사도 이와 유사하다. 자유의지와 관련된 과학적 실험을 통해서 발견된 사실에 관한 분명한 진실이 존재한다. 따라서 중요한 것은 이 진실이 정확하게 무엇이고 정확히 어떤 부분에 대해서 기사의 작성자들이 왜곡이나 과장을 했는지를 따져보는 일이다.

4 '폰지 사기'라고 불리는 유형의 사기 수법을 통해서 투자자들에게 거액의 손해를 입힌 미국의 사기꾼.

5 저자의 주장에 의하면 자유의지와 도덕적 책임은 밀접하게 연관되어 있으며, 이는 적어도 상식과 철학사적 관점에서 볼 때 철학계의 주류 입장에 해당한다고 할 수 있다. 따라서 자유의지가 존재한다는 입장은 우리가 어떤 식으로든 우리의 행위에 책임을 진다는 것을 의미한다. 누군가가 자선을 베푸는 등의 긍정적인 행위를 했을 때 우리는 행위자 자신에게도 긍정적인 가치를 부여한다. 우리는 그를 선한 사람, 훌륭한 사람이라고 칭찬한다. 이렇게 칭찬을 받을 자격은 그 행위가 행위자의 자유의지에 의한 것이고 따라서 행위의 책임이 행위자 자신에게 있다는 생각 때문에 생겨난다. 이것은 자유의지의 긍정적인 측면이다. 우리는 행위를 통해서 긍정적인 평가를 받을 수 있다. 반면에 우리가 행한 행위가 부정적인 것이라면 행위자인 우리 자신이 부정적인 평가를 받게 될 것이다. 그 행위는 자유의지에 의한 것이며 따라서 그 책임은 전적으로 우리 자신에게 있기 때문이다. 이것은 자유의지가 갖는 부정적 측면이다. 자유의지에 따른 행위인 한, 행위자는 자신의 행위가 가지

만일 앞으로 당신이 하게 될 행위들에 대해서 스스로가 도덕적으로 책임을 진다고 생각한다면, 자신이 이러한 책임이 성립하기 위해서 필요한 능력들을 소유하고 있으며 이 때문에 스스로의 행위에 대한 상당한 통제력을 지닌 존재라고 보는 것이다. 원한다면 이러한 통제력을 지니는 것을 자유의지를 갖는 것으로 간주해도 무방하다. 내가 보기에는 이런 관점이, 우리의 제어를 벗어난 힘에 전적으로 휘둘리는 존재로 우리 자신을 묘사하는 관점들보다 훨씬 더 정확하다. 게다가 자유의지에 대한 믿음이 개인의 삶의 질을 향상시킨다는 경험적 증거 역시 존재한다(Dweck and Molden 2008). 자유의지에 대해서는 할 이야기가 많이 있다. 앞으로 나는 그 일부에 대해서 말하려 한다.

그래서 우리는 얼마나 자유로운가? 한번 알아보도록 하자.

는 부정적인 측면에 대한 책임을 피할 수 없다. 만일 자유의지가 없다면 부정적 행위를 한 사람들에게 분노하거나 비난을 하는 것은 정당화되기 어렵다. (물론 이러한 논증에 대해서는 철학적인 반론들이 존재한다. 자유의지 없이도 도덕적 책임과 비난이 정당화될 수 있다는 것이나. 어떤 철학자들은 자유의지와 도덕적 책임은 별개의 문제라고 주장하기도 한다. 그러나 여기서 이 문제를 상세히 다룰 수는 없다.) 자유의지의 존재는 우리를 무거운 책임을 질 수 있는 행위 주체로 만든다. 이는 자유의지에 대한 부정적 관점을 낳을 수 있다. 반면에 우리가 선한 행위를 하는 것 역시 자유의지를 갖고 있기 때문에 가능하다. 우리의 행위는 아무런 가치가 없는 것이 아니라 일정한 도덕적 가치를 실현할 수 있으며 이는 자유의지 때문이라고 보는 것이 긍정적인 관점이 될 것이다.

Chapter 2

벤저민 리벳의 실험

: 언제 결심이 이루어지는가?

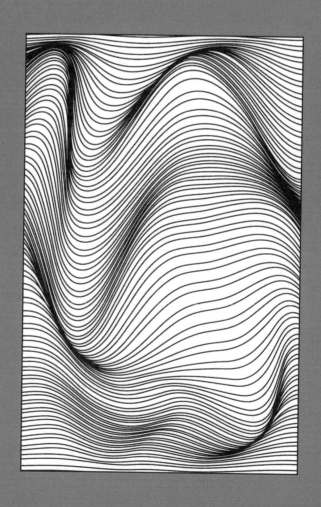

자유의지가 환상이라고 주장하는 과학자들이 그 어떤 누구보다도 자주 인용하는 사람이 있다. 자유의지에 관한 이 과학자의 연구가 영향력을 미쳐온 정도를 고려하면, 그의 연구를 이해하고 이것이 어떤 결점들을 지니고 있으며 그러한 결점들이 얼마나 심각한 것인지를 파악하는 것은 중요한 일이다. 지금 논쟁거리가 되고 있는 이 연구는 신경생물학자인 벤저민 리벳Benjamin Libet에 의해서 1980년대 초기에 시작되었다. 모든 결심[1]은 무의식적으로 이루어지며 이 때문에 우리가 결코

---

1 여기서 '결심'이나 '결정'은 모두 영어 표현 'decision'을 번역한 것이다. 일상적으로 우리는 "그걸 하려고 결심/결정은 했지만 실제로는 하지 않았어"라고 말하거나 "그렇게 하려고 결심/결정은 했지만 막상 선택할 때는 그냥 기분 내키는 대로 했어"와 같이 말할 수 있다. 즉 일상적 의미에서의 결정이나 결심은 반드시 결정/결심한 내용대로 행위하는 것으로 이어지지는 않는

스스로의 자유의지를 통해서 결정을 내리지 않는다는 것을 리벳이 증명했다고 흔히들 말한다. 나는 리벳이 설계한 실험의 내용이 무엇이고 실험을 통해 그가 무엇을 발견했는지를 서술할 것이다. 그다음에 그가 이끌어 낸 결론들을 다루고 왜 이러한 결론들이 증거에 의해서 정당화되지 않는지를 설명할 것이다.

리벳(Libet 1985, 2004)의 주요한 혁신은 의식적 경험들의 시간을 재고 이렇게 시간을 잰 의식적 경험들을 측정 가능한 두뇌 사건들과 상호연관시킬 수 있는 방법을 고안한 것이다. 그는 충동urges, 의도intentions 또는 결심decisions의 경험에 특히 관심이 있었다. 실험 참가자들은 손목을 구부리고flex[2] 싶다고 느낄 때마다 손목을 구부리고 나서 약간의 시간이 지난 후 그들이 손목을 구부리려는 의도나 충동을 처음으로 의

다. 그러나 저자가 말하는 'decision'은 실제로 육체적 행위로 나아가도록 해주는 결심/결정에 해당한다. 자유의지는 단순히 마음속에서만 선택을 하는 것이 아니라 실제로 행위를 일으키기에 충분한 원인으로 간주된다. 이런 맥락에서 결심/결정은 마음속의 선택뿐 아니라 그에 따라 실제로 행위하려는 의지까지 포함한다. 앞으로 보겠지만, 리벳은 결심/결정이 자유의지에 의한 것이 아니며 의식적으로 결정을 하거나 결심하는 것은 행위의 인과적인 원인이 아니라고 주장한다.

2　정확하게 말하자면 손목의 근육이 수축되어 일어나는 움직임을 말한다. 안쪽으로 손목을 구부리든 바깥쪽으로 당기든 상관없지만 여기서는 편의상 '구부린다'고 번역하였다. 리벳의 원래 실험에서는 손목이나 손가락을 빠르게 움직이는 것을 실험 참가자들에게 요구했다(Libet 1985, p. 530).

식하게 된 것이 언제인지를 보고하라는 지시를 받았다.

실험이 이루어지는 동안, 참가자들은 리벳 시계를 바라보았다. 이 시계는 약 2.5초의 시간 동안 점이 시계판 위의 한 바퀴를 돌게 되는 구조로 되어 있다. 참가자들은 의자에 앉아서 그들이 처음으로 손목을 구부리려는 의도 또는 충동을 의식하게 된 때에 시계 위의 점이 어느 위치에 있다고 믿는지 보고했다. 참가자들이 손목을 구부리고 조금 있다가 시계의 점은 움직이기를 멈추게 되며 이제 그들은 [언제 손목을 구부리려는 의도 또는 충동을 의식했는지에 대해서] 보고를 해야 한다. 이러한 보고를 수행하는 한 가지 방법은 참가자들이 생각하기에 손목을 구부리려는 충동을 처음으로 느꼈을 때 돌고 있는 점이 어느 위치에 있었는지를 그저 말하는 것이다. 나도 이러한 리벳의 방식을 따르는 실험에 참가했는데, 이 실험에서는 컴퓨터 화면에 나타난 시계 위의 한 지점에 커서를 갖다 놓는 식으로 보고했다.[3]

실험자들은 EEGelectroencephalogram[4]를 사용하여 두피를

---

3 다음의 유튜브 영상(youtu.be/Av3L2gl_gl8)에서 저자는 자신이 실제로 참가했던 실험에 대해서 설명한다. 해당 영상에서 저자는 이 책에서 다루는 리벳 실험에 대한 본인의 견해를 요약해서 설명해 준다. (불행히도 한글 자막은 없다.) 서문에서 저자가 언급한 〈진리에 더 가까이〉의 다음과 같은 에피소드(youtu.be/XalpMgP3E94)에서도 저자의 관련 인터뷰와 리벳 실험에 대한 설명을 접할 수 있다.

통해 전기 전도 수치를 얻었다. 두뇌 활동은 측정 가능한 전기를 발생시킨다. 어떤 두뇌 부위가 더 활성화되는지에 따라서 특정 부위에서 더 많은 전기가 발생한다. 전보telegram에 비유해서 생각해 보라. 물론 이 비유의 경우에는 두뇌에서 발생하는 전기가 메시지를 쓰는 역할을 하겠지만 말이다.

판독이 가능한 EEG 수치를 얻기 위해서 리벳 실험의 참가자들은 실험을 구성하는 각 회기마다 적어도 40번 이상 손목을 구부렸다.[5] 참가자들의 손목에서도 측정이 이루어졌는데[6]

---

4 EEG는 피실험자의 두피에 다수의 전극을 부착해서 '뇌파brain wave'라고 불리는, 두뇌 속의 대략 수천 개 단위의 뉴런 집단에서 발생되는 전기의 파동을 측정하는 방법이다. 이러한 두뇌의 부분들이 활성화될 때 해당 부분에서는 일정한 전위차가 반복적으로 발생하며 뇌파에 해당하는 파동을 낳는다. EEG는 짧은 시간의 흐름 내에서 발생하는 전기 활성화 차이를 민감하게 잡아낸다는 장점이 있다. 특히 본문에서 다루는 리벳 실험과 관련해서, EEG는 특정 사건(손목의 움직임)과 연관되어 짧은 시간 동안에 발생하는 전위의 오르내림에 해당하는 사건유발전위event-related potential를 탐구하는 데 사용된다(Bermúdez, J. L. 2020. *Cognitive Science(3rd edition)*. Cambridge: Cambridge University Press. pp. 237-9).

5 리벳은 실험을 통해서 탐구하려는 행위가 의지적 행위voluntary act라고 말한다. 여기서 '의지적 행위'는 언제 움직임을 일으킬지 미리 계획하지 않고 의식적으로 손목을 구부리려는 충동이나 의도가 느껴질 때 곧바로 움직임을 일으키는 행위에 해당한다. 손목을 구부리는 의지적인 행위와 상관관계에 있는 두뇌 활성화가 무엇인지를 찾아내기 위해서는 반복을 통해서 활성화가 감지되지만 의지적 행위와는 무관한 것들을 배제해야 한다. 이를 위해서 여러 차례 반복된 데이터에 대해 평균치를 내는 것도 필요하다. 예를 하나 들면, 리벳은 주어진 시간 내에 움직임을 수행해야 하는 요구를 받은 실험 참가자들이 심리적 압박을 받았기 때문에 의식적이든 무의식적이든 미리 움직임을 일으킬 시간을 계획하는 경우가 있음을 고려하고, 반복적 실험

이를 통해서 리벳은 손목이 구부려지는 동안 근육 운동이 언제 시작하는지를 식별할 수 있었다. 근육 운동이 시작될 때 근육 활성화가 급증surge하는데, 이를 '근육 급활성화muscle burst'라고 부른다.

리벳의 실험 이전에 이루어진 연구들을 보면 다음과 같은 증거가 이미 존재했다. 개인이 의도적인 동작을 수행하기 전에 두뇌 활성화가 점차적으로 증가한다는 것이다. 이러한 활동은 행위를 준비하는, 두뇌의 앞쪽을 향해 있는 뇌 영역에서 발생하며 많은 경우에 EEG를 사용해서 측정될 수 있다고 여겨진다. 이렇게 증가한 두뇌 활동을 '준비전위readiness potential' 또는 줄여서 'RP'라고 부른다. 리벳은 다음과 같은 사실을 발견했다. 실험 참가자들에게 손목을 구부릴 계획을 미리 세우지 말고 저절로 내키는 대로spontaneous 해야 한다는 것을 반복해서 주지시켰을 때, 준비전위의 발생을 읽어낼 수 있는 EEG 결과를 얻었다. 또한 이 준비전위가 증가하기 시작하는 시점은 근육이 움직이기 시작하는 시점, 즉 근육 급활성화가 발생하기 시작하는 시점보다 550밀리초(0.5초보다 약간 더

을 통해 이런 경우를 실험 데이터에서 배제하려고 했다(Libet 1985, pp. 530-2).

6 근육의 전위 변화를 측정하기 위해서 리벳은 EMG(electromyogram)를 사용하였다(Libet 1985, p. 530). EMG는 근육 세포가 활성화될 때 발생하는 전위를 탐지한다.

긴 시간)[7] 앞섰다.

평균적으로 손목을 구부리겠다는 충동 또는 결심을 처음 의식한 때라고 실험 참가자들이 보고하는 시점은 근육 급활성화가 일어나기 약 200밀리 초(5분의 1초) 전이었다. 리벳은 이러한 결과를 다음과 같이 해석했다. 지금 당장 손목을 구부리겠다는 결심은 손목의 근육 운동이 일어나기 대략 0.5초 전에 무의식적으로 이루어진다. 이렇게 이루어진 결심을 실험 참가자가 의식하게 되는 것은 결심이 실제로 이루어지고 나서 약 3분의 1초 후[8]인 것이다. 자유의지가 신체 행위를 산출하기 위한 필수적인 요소가 되기 위해서는 이러한 신체 행위를 인과적으로 야기하는 결심이 의식적으로 이루어질 필요가 있다는 것이 리벳의 믿음이었다. 따라서 그는 이러한 경우에는 [즉 신체 행위의 하나인 손목 구부리기의 경우에는] 자유의지가 아무런 역할도 하지 않는다고 결론 내렸다. 그리고 그는 자신의 발견을 일반화시킬 수 있다고, 즉 이 특정한 실험실 내 통제 조건 속에서 그가 발견했다고 생각하는 것이 우리의 신체적 행위 모두에 적용된다고 제안했다.

---

7 1초(second)=1000밀리초(milliseconds).

8 준비전위 활성화 시점이 근육 급활성화의 약 550밀리 초 전이고 결심을 의식하는 시점은 근육 급활성화보다 약 200밀리 초 전이므로 준비전위 활성화 시점에 결심이 무의식적으로 이루어졌다면 약 350밀리 초(=550-200) 후에나 그 결심을 의식하게 된다.

이제까지의 이야기를 요약해 보자. 리벳은 조금 있다가 손목을 구부리자는 결심이나 일정 시간이 되면 손목을 구부리자는 결심이 아니라, **지금 손목을 구부리자**flex now는 결심이 RP가 시작될 때 생성된다고 생각한다. RP는 근육 운동이 시작되기 약 0.5초 전의 시점에 일어났다. 하지만 사람들이 자신의 결심을 처음으로 의식했다고 보고하는 평균 시점은 [RP의 시작점보다는] 근육 운동이 시작되는 시점에 훨씬 더 근접한다. 이 평균 시점은 근육 운동이 시작되기 약 5분의 1초 전에 일어나기 때문이다. 이 때문에 리벳은 다음과 같은 결론을 내렸다. 사람들은 손목을 구부리겠다는 결심이 실제로 일어난 후에만 자신들의 결심을 의식하게 되었다.

그리고 리벳은 자유의지에 의하여 결심을 하기 위해서는 결심이 의식적으로 이루어져야 할 필요가 있다고 생각했기

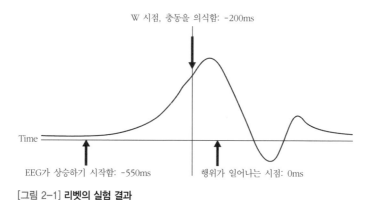

[그림 2-1] **리벳의 실험 결과**

때문에, 실험 참가자들이 손목을 구부리려는 자유로운 결정을 했던 것이 아니며 그들의 손목 구부리기 행위를 산출하는 데 자유의지는 개입되지 않는다고 결론을 내렸다. 또한 리벳은 이러한 결론을 훨씬 더 넘어서 우리가 의식적으로 결심을 하는 것이 결코 아니며 자유의지는 신체 행위를 산출하는 데 전혀 개입하지 않는다고 제안하는 데까지 나아갔다.

그런데 이 실험에는 약간 복잡한 사실이 얽혀있다. 리벳은 일단 우리가 뭔가를 당장 해버리겠다는 결심이나 의도를 의식하게 되면 약 10분의 1초 정도 그 행위를 거부할(veto, 즉 안하기로 결심할) 수 있는 시간이 있다고 믿는다. 리벳은 자유의지가 [신체 행위를 야기하지는 않지만 그 행위를] 거부하는 데 있어서는 일정한 역할을 담당할지도 모른다고 생각했다. 내가 들은 누군가의 표현을 빌어서 말하면, 우리에게는 할 자유의지 free will 는 없지만 안 할 자유의지 free won't 는 있다.

리벳의 실험은 자유의지가 없다는 것을 증명하는가? 아니다. 다음과 같은 이유에서 그렇다. 첫째, 왜 우리가 결심을 한 시점을 EEG[의 판독을 통해서 측정된 준비전위 수치]가 상승하는 시점이라고 봐야 하는가? 왜 바로 그 시점보다 몇백 밀리 초 이후에 우리가 결심을 한 것이라고 생각하면 안 되는가? [준비전위 수치가] 상승하기 시작할 때 두뇌 속에서 일어나는 일이란, 약간 시간이 지난 후에 이루어질 결심으로 **이어지거나** 경우에 따라서는 그렇지 않을 수도 있는 일련의 과정일 뿐일 수도 있다. 리벳의 실험에서는 컴퓨터가 [현 시점으로부터] 2초 정도 선행하는 시간 동안에 일어난 전기적 활동electrical activity을 기록할 수 있도록 해주는 신호를 사용한다. 리벳이 이용한 신호는 근육 급활성화이다.[9] 따라서 실제로 손목을 구부린 실험 참가자들의 두뇌 속에서 손목을 구부리기 0.5초 전에 일어나는 활동과 동일한 두뇌 활동이 손목을 구부리지 않은 사람의 두뇌에서 일어날 수 있는지도 모른다.[10] 만일 우리가 특정 시점에 일어나는 두뇌 활동이 이후에 일어나는 행위와 충분한 상관관계correlation를 맺고 있는지를 알고자 한다면, 해당 두뇌 활동이 일어났지만 관련된 행위가 이어서 일어나지 않는 경우들이 있는지의 여부를 알아내려고 노력할 필요가 있다.[11] [두뇌 활동이 일어나는] 처

---

9   즉 근육 급활성화가 일어나면, 손목이 구부려지는 신체 동작이 이루어지기 전 2초 동안의 두뇌 전기 활동의 측정 수치를 컴퓨터가 기록한다. 달리 말하자면, 근육 급활성화 신호가 입력되면 컴퓨터는 그 시점을 기준으로 2초 전까지 입력되어 온 전기 활동 측정 기록을 저장하고 그보다 더 이전이나 근육 급활성화 이후의 활동은 저장하지 않는다는 것이다.

10 손목 구부리기를 안 한 시람의 경우에는 근육 급활성화 신호가 없기 때문에 컴퓨터는 그 이전의 두뇌 전기 활동 측정 기록을 저장하지 않으며, 따라서 위와 같은 질문에 대답할 수 있는 데이터는 리벳의 실험에서 수집되지 않았다. 달리 말해서, RP의 상승은 실제로 손목 구부리기를 일으키기에 충분한 사건(리벳이 무의식적 결심으로 간주하는 것)이 아니라 손목 구부리기를 준비하는 과정일 뿐이며, 이 때문에 실제로 손목을 구부리지 않고 준비만 하다가 관두는 사람의 두뇌에서도 동일하게 일어날 수도 있다. 리벳의 실험 자료는 이러한 가능성을 결코 배제하지 않는다.

음의 시점을 'R'이라고 부르고, [행위가 일어나는] 이후의 시점을 'R 더하기 약 0.5초'라는 의미에서 'R+'라고 부르자.[12] R 시점에 [준비전위 같은 두뇌 활동 수치의] 상승은 있지만 R+ 시점에서는 [신체 동작을 일으키는 근육의] 수축이 일어나지 않은 경우들이 있는지를 확인해야 할 필요가 있는 것이다.

리벳은 이 문제를 조사하지 않았다. 그의 실험 설계 때문에 [두뇌의] 전기적 활동은 오직 근육 운동이 일어난 경우에만 기록되었다. 따라서 R 시점 또는 R 시점과 그 이후의 몇백 밀리 초 동안에 [두뇌에서] 일어나는 일들은[13] 손목을 구부리려

---

11 만일 그러한 경우들이 존재한다는 데이터가 발견된다면, 준비전위의 활성화 과정은 신체 동작을 일으키기 위해 충분한 원인은 되지 않는다고 결론 내릴 수 있다. 준비전위 활성화는 신체 동작이 일어나기 위한 필요조건일 수는 있지만 그것만으로는 충분하지 않고 행위자가 의식적으로 신체 동작을 일으키겠다고 결심하는 사건이 일어나는 것 역시 동작의 발생을 위해서 필수적인 추가적 원인, 즉 추가적 필요조건일 수 있는 것이다. 준비전위 활성화가 그 자체만으로는 행위를 인과적으로 일으키기에 충분하지 않다면, 자유의지(리벳에 의하면 의식적인 결심)가 행위를 산출하는 데 관여하지 않는다는 결론은 그의 실험 데이터로부터 연역적으로 타당하게 도출되지 않는다.

12 리벳의 실험에 의하면 손목을 구부리기 약 550밀리 초 전에 준비전위 활성화가 시작된다. (이 시점이 R이다.) 따라서 R의 약 0.5초 후인 R+ 시점은 근육 운동이 일어나기 시작하는 시점이다.

13 여기서 몇백 밀리 초 정도의 시간은 근육 급활성화로부터 약 0.5초(550밀리 초) 전인 준비전위의 활성화 시작 시점 이후 행위자가 결심을 의식하기 직전까지의 약 350밀리초 정도의 시간에 해당한다.

는 [의식적] 결심으로 나아가기 위한 잠재적인 단계, 즉 [그 자체로는] 그러한 결심도 손목 구부리기도 일으키지 않는 [순수한 준비] 단계만을 보여주는 신호였을 수도 있다. 그리고 이런 일은 일부의 경우에 일어나는 것일 수도 있고 혹은 그보다 훨씬 빈번하게 일어나는 것일 수도 있다. 다시 말하지만, 우리가 현재 가지고 있는 제한적인 지식만 고려하면, 일부의 경우들에서는 (아니면 다수의 경우일 수도 있고) R 시점에 [준비전위 같은 두뇌 활동의 활성화 수치의] 증가가 있었지만 그와 연관된 근육 수축에 의한 행위는 일어나지 않았을 수 있다.

만일 [두뇌 활동 수치가] 증가하기 시작할 때 결심이 실제로 일어난 것이 아니라 사실은 그보다 나중에 일어난 것이라면, 결심이 의식적으로 이루어졌을 수도 있다. 근육 급활성화가 발생하기 약 200밀리 초 전이 되어서야 결심이 이루어졌다면 어떻게 되는가? 그렇다면 결심은 실험 참가자들이 결심을 의식했다고 보고한 평균 시점과 일치해서 발생하였을 것이다. 이러한 가능성에 대해서는 나중에 다시 다룰 것이다. 지금은 두 번째 문제에 대한 논의로 넘어가자.

리벳이 일상적이지 않은 실험조건하에서 발견한 것들을 모든 의도적인 행위들intentional actions에 일반화시켰다는 사실을 상기해 보라. 그는 그가 자신의 실험에서 발견했다고 생각했던 것이 모든 종류의 행위에 적용된다고 제안했다. 나는 리벳류의 실험Libet-style experiment [14]의 피실험자로 참가했던 경험이 있는데 이런 경험에 대해서 말하는 것이 리벳의 가정[즉 리벳의 실험 결과가 모든 종류의 행위에 동일하게 적용된다는 가정]이 갖고 있는 문제를 드러내는 데 도움이 될 것이다. 우선 나는 손목을 구부리겠다는 의식적인 충동이 내 안에서 튀어나오기를 기다렸는데, 이러한 의식적 충동이야말로 내가 **의식적으로** 보고를 할 때가 되면 이야기하게 될 뭔가라고 할 수 있기 때문이다. 나는 그러한 충동이 [나의 의지와는 무관하게] 스스로 튀어나오지 않았다는 것을 충분히 확신할 수 있을 때까지 기다렸다.[15] 나는 뭘 해야 할지 궁리하다가 한 가지 전략을 생각해 냈다. 다음과 같이 결심하는 것이다. 소리는 내지 않고 나 자신에게 "지금이야"라고 말하기로 하고, 바로 그 소리 없

14 구체적인 설정들은 다르지만 리벳이 설계하고 수행했던 실험과 기본적으로 같은 유형의 실험을 말한다.

15 리벳의 실험 설계에 의하면 피실험자들은 언제 손목을 구부릴지를 미리 계획해서는 안 된다는 명백한 지시를 받았다. 그러나 그렇다고 해서 은연중에 자기도 모르게 튀어나오는 충동에 휘말려서 손목을 구부려서도 안 된다. 피실험자는 충동을 의식하고 나서 그 충동에 따라서 손목을 구부리려고 의식적으로 의도해야만 하며, 그래야만 언제 자신이 그 충동을 의식하게 되었는지도 의식적으로 보고할 수 있게 된다. 만일 자기도 의식하지 못하는 사이에 튀어나오는 충동에 따라서 손목을 구부린다면, 행위를 하고 난 뒤에야 자신이 그런 행위를 했다는 것을 의식하게 될 것이고, 그렇다면 충동이 일어난 시점이 언제인지 묻는다는 것 자체가 불가능하다. 더 나아가 의식적인 충동에 따라 행동했다고도 할 수 없다. 애당초 이 실험의 대상은 미리 계획된 것은 아니지만 의식적인 행위 의도를 동반하는 행위이기 때문이다.

이 발화된 신호cue에 반응해서 손목을 구부릴 것이며, 그러고 나서는 약간 뒤에 내가 "지금이야"라고 말한 시점에 리벳 시계의 눈금손이 어디에 있었는지 보고하려고 애쓰는 전략이다. (내가 참여했던 실험에서는, 리벳 시계에서 돌고 있는 눈금에 해당하는 것이 점spot이 아니라 손hand이었다.)

만일 당신이 나에게 왜 "지금이야"라고 말했는지 이유를 묻는다면, 내가 할 수 있는 대답은 나도 모르겠다는 것이다. 그 이유가 달리 뭐가 될 수 있겠는가? 리벳의 실험에서는, 손목을 구부리기 시작하는 특정한 시점을 고를 어떤 특별한 이유도 없다. 나에게는 내가 "지금이야"라고 실제로 속으로 말했던 시점을 그와 근접한 다른 시점들보다 더 선호해야 할 어떤 이유도 없었다. 그리고 충실한 실험 참가자들이 그러하듯이, 나는 내가 받은 지시 사항을 따랐다. 즉, 미리 의도하지 않고 저절로 일어나는spontaneous 충동을 의식하려고 노력했고, 언제 손목을 구부릴지 또는 언제 "지금이야"라고 속으로 말할지에 대해서 생각하지 않으려고 노력했다.[16] 이러한 경험은 슈

16 여기서 내가 "저절로 일어나는"으로 번역한 "spontaneous"는 행위 이전에 언제 어떻게 행위할지에 대한 사전 의도를 갖지 않는다는 점에서 "의지적/의도적"으로 번역 가능한 "voluntary"와는 구별되는 의미를 갖는다. 본문에서 확인할 수 있듯이 여기서 "spontaneous"는 행위에 대한 어떤 사전 계획(특히 언제 행위를 시작할지에 대한 계획) 없이 마음속에서 의식적으로 느껴지는 충동에 따라서 행위하는 경우를 이야기한다. 이 점에서 30쪽 5번 역주에서 내가 서술했던 바, 리벳이 자신의 실험 참가자들의 행위를 "의지적

퍼마켓에 가서 구매하려는 물품들 중에 16온스[약 0.5리터] 플랜터스 피넛[땅콩 상표] 병 하나가 포함되어 있는 경우와 유사하다. 땅콩 진열대에 도착하면, 당신은 진열되어 있는 여러 개의 플랜터스 피넛 병들 중에서 그냥 하나를 집을 것이다. 보통은 특정한 병을 주변에 있는 동일한 종류의 병들보다 더 선호할 어떤 이유도 없다. 만일 누군가가 이제 당신에게 쇼핑 카트 속에 담겨 있는 바로 그 땅콩 병을 집은 이유가 무엇이냐고 묻는다면, [이것은 리벳 실험에 참여했던] 내가 왜 [하필이면 그 특정한 시점에] "지금이야"라고 스스로에게 말한 이유가 무엇인지에 대해 질문을 받는 것과 다를 바 없는 상황이다. "모르겠는데"가 [이런 경우에도 마찬가지로] 정직한 대답이 될 것이다.

이제 아마도 당신은 땅콩 병을 집는 일에는 자유의지가 필수적으로 동반된다고 말하지 않을 것이다. 사소한 작업들을 하는 데 관여하기에는 자유의지가 너무나도 중요한 것이라는 생각이 들기 때문일 것이다. 하지만 자유의지가 필수적으로 동반된다고 생각할지라도, [땅콩 병들 중 하나를 그냥 집는 사소한 일과 같은] 이런 상황에서는 찬반양론 사이에서 저울

voluntary" 행위라고 말하는 것은 철학적으로 정확하지 않다. 사전 계획 없이 저절로 일어나는 충동에 따른 행위가 과연 진정한 의지에 따른 행위인지 자체가 문제가 될 수 있기 때문이다.

질을 하고 어려운 결정을 내려야만 하는 때와는 매우 다른 방식으로 자유의지가 작동할 것 같다. 당신은 찬성과 반대의 이유들 사이에서 세심한 고민 끝에 결정을 내리는 경우까지 포함해서 우리가 결심을 하는 모든 경우에 리벳의 발견을 일반화시켜 적용하는 것을 원하지는 않을 것이다. **모든 결심들이** 무의식적으로 이루어진다는 결론으로 나아가는 것은 대단한 비약이다. 결심을 하기 전에 무엇을 하는 것이 맞는 일인지에 관해 의식적으로 추론하는 경우에는, 아마도 의식적으로 결심을 하게 될 가능성이 매우 높을 것이다.[17]

나는 손목을 구부리기 시작하는 순간을 고르는 것과 땅콩 병 하나를 고르는 것 사이의 유사성에 의존하는 유비추리를 끌어들였다. [이런 일들을 할 때] 나는 무엇을 생각하고 있는 것일까? 이러한 활동들은 얼마나 서로 유사한가? 일련의 순

---

17 실제로 최근의 연구에 의하면 의식적인 숙고를 거쳐서 일어나는 신체 동작들의 경우, 결심을 의식하기 이전에 증가하는 특징적인 두뇌 활성화, 즉 준비전위 활성화가 발견되지 않는다. 물론 이 사실이 의식적인 결심이 행위를 야기하는 결정적인 원인이 되었다는 결론을 논리적으로 함축하지는 않는다. 그러나 이 사실 때문에 준비전위를 대체할 새로운 사전 두뇌 활동을 발견하지 않고서는 리벳의 일반화를 정당화할 수 없다는 점이 더 분명하게 드러난다. 즉 별도의 충분한 증거 없이는 자의적/임의적인 동작에서 발견된 실험 결과를 숙고를 요구하는 행위에까지 일반화할 수 없다는 것이다. (관련된 최근의 연구로는 다음을 참고하라. Maoz et al. 2019. "Neural precursors of decisions matter—an ERP study of deliberate and arbitrary choice". *eLife*. 8:e39787. DOI: doi.org/10.7554/eLife.39787. Cambridge eLife Sciences Publications LTD.)

간들이 당신 앞에 나란히 배열되어서 펼쳐져 있다고 상상해 보자. 이는 슈퍼마켓에 나란히 진열되어 있는 16온스짜리 플랜터스 피넛 병들을 마주하는 것과 비슷하다. 구매 목록에 있는 상품 하나를 구입하기 위해서 당신이 땅콩 병 하나를 무작위로arbitrarily 집어 들 듯이, 리벳의 실험 참가자는 지시 사항의 일부를 따르기 위해 손목을 구부리기 시작하는 순간을 무작위로 골라낼 것이다. 어느 순간이나 땅콩 병을 집어낼지에 대해서는 의식적인 추론이 전혀 필요하지 않다. 하지만 무엇을 해야 할지에 대해서 우리가 의식적으로 추론하는 현실 상황들 속에서 행위로 나아가는 길은 [이러한 무작위적인 행위들과는] 심하게 다른 것 같다. 이러한 경우에 대부분 무작위적 요소는 거의 관련이 없다.

나는 이 책의 1장에서 일부의 사람들이 자유의지에 대해서 우려하는 바를 다음과 같이 표현했다. "만일 모든 결심들이 무의식적으로 이루어진다면, 당신이 결심하는 것은 **당신에게 달려있지**up to you 않은 것 같고, 이것은 확실히 자유의지에 대한 나쁜 소식인 것으로 보인다." 방금 인용부호 안에 나타난 조건문의 조건절을 어떻게 해석할 것인가? 아마도 이 조건절이 말하는 바가 다음과 같다고 생각할 수도 있다. 어떤 결심이라도 의식적 사고는 그 결심을 일으키는 데 아무런 역할도 하지 않는다고. 하지만 그것은 리벳의 실험에 의해서 입증될 수 없는 결론이다. 결국, [리벳의 실험에서 실험 참가자가 수행해야 하는] 과제는 언제 손목을 구부릴지 [미리] **의식적으로 생각하지 않고** 손목을 구부리는 것이다. 만일 결심들을 산출하는 데 있어서 의식적 추론이 일정한 역할을 수행하는 경우가 있는지 알고 싶다면, 우리는 [리벳 실험에서 설계된 상황과 같이] 무엇을 할지에 대해서 생각하지 말라고 지시를 받은 상황에만 제한적으로 주목해서는 안 된다.

앞서 인용된 질문의 조건절이 갖는 의미에 대한 두 번째 해석이 있다. 우리는 결심을 내리고 난 후에야 스스로의 결심을 의식하게 된다는 것이다. 내가 이미 설명했듯이, 리벳은 이러한 해석이 참이라는 것 또한 입증하지 않았다. 하지만 설사 이게 참이라고 하더라도, 우리가 의식적인 추론을 바탕으로 실제로 결심을 하는 때와 우리가 한 결심을 의식하게 되는 때 사이에 몇백 밀리초 정도의 시간 지연이 있다는 것은 걱정거리가 아니다. 누군가가 낸 소리가 귀를 거쳐서 두뇌 속에 기록되고 의식하게 되는 과정에서 약간의 시간이 걸리는 것처럼, 결심이 의식에 나타나는 데에도 약간의 시간이 걸리는 것일 수 있다. 하지만 그렇다고 해서 의식적 추론이 결심을 산출하는 순환회로the decision-producing loop[18] 속에서 전혀 아무런 역할도 하

---

18 여기서 '순환회로 loop'라는 표현은 우리가 결심을 하기 전의 과정들이 있고 결심을 하고 난 이후에 다른 결심을 하기 위한 과정들이 시작되고 다시 새로운 결심이 이루어지고 이후에 또 다른 결심을 하기 위한 과정이 일어나는 식으로 순환적으로 반복되는 일련의 과정을 가리킨다. 저자의 주장은, 결

지 않는 것처럼 여겨져서는 안 된다. [게다가] 순환회로는 겉보기보다 조금 더 짧을 수도 있다.[19]

이제 약간 뒤로 되돌아가 보자. 나는 일단 의도를 의식하게 되면 그 의도를 거부veto 할 수 있다는 리벳의 생각에 대해서 언급했었다. 리벳은 이러한 가정을 테스트하기 위해서 다음과 같은 실험을 진행했다. 그는 실험 참가자들에게 특정한 시점에 손목을 구부릴 준비를 하라고 지시했다. 예를 들면, 빠르게 돌아가는 리벳 시계의 [시곗바늘 역할을 하는] 점이 9시 방향 위치에 도달할 때 손목을 구부릴 준비를 하라고 지시하면서도 실제로는 그 지시를 따라서 손목을 구부리지 말라고 말하는 것이다. 이러한 과정 중에 두뇌 속에서 어떤 일이 일어나는지에 관한 증거를 수집하기 위해서, 리벳은 EEG를 통해 두뇌 전기신호를 읽어냈다. (이 거부 실험에서는 [리벳 시계

심이 이루어지는 것과 그 결심을 의식하는 것 사이에 시간 지연이 있다는 사실로부터 순환 과정 속에서 결심이 산출되는 데 의식적 추론이 아무런 역할도 하지 않는다는 결론이 따라나오지 않는다는 것이다. 설사 그러한 시간 지연이 있다고 하더라도 여전히 일정한 의식적 추론에 의해 특정 내용의 결심이 이루어질 수 있고, 해당 결심은 주체의 의식적인 활동의 결과이므로 자유의지에 의한 것 또는 그 주체에게 달려있는 것이라고 볼 수 있다.

19 이미 본문에서 이야기한 것처럼 의식적 추론을 통해 결심이 이루어지는 것과 결심을 의식하는 것 사이의 지연시간은 기껏해야 수백 밀리 초 정도로 짧은 것으로 보인다. 그런데 결심을 산출하는 순환회로가 한 바퀴 도는 시간 (즉 의식적 추론을 거쳐서 결심을 하는 시간)이 이보다도 더 짧을 수도 있다면 시간 지연에 대해 우려할 필요가 없다는 주장이 더 강하게 뒷받침될 것이다.

의] 점이 지정되어 있는 시계 위의 특정 위치 — 이를테면, 앞의 예처럼 9시 방향 위치 — 에 도달하게 되면 이 사건이 컴퓨터로 하여금 이전까지의 두뇌의 활동에 대한 EEG 기록을 저장하도록 설계되어 있었다. 리벳은 이렇게 특정 시점이 기록의 저장을 촉발시키도록 했다.)

리벳은 다수의 시행을 통해서 얻어진 EEG 데이터의 평균치를 산출했다. 그가 발견한 것은 지정된 시점보다 약 1초 전에 [두뇌의 전기활동 수치가] 증가하기 시작하며 그리고 나서 지정된 시점에서 약 150에서 250밀리초 전이 되면 [두뇌 활동이] 점차적으로 약해진다는 것이었다. 두뇌 활동이 약해지기 전까지의 EEG 측정 기록은 다음과 매우 유사한 패턴을 보였다. 실험의 진행자가 미리 피험자들에게 특정한 시점을 지정해 주고 피험자들이 그 시점이 되면 손목을 구부리는 실험에서 나타난 피험자들의 EEG 측정 기록 말이다. 리벳은 이러한 결과를 실험 참가자들이 의도를 거부할 수 있는 힘을 지니고 있음을 보여주는 증거로 간주했다. 리벳에 의하면 실험 참가자들은 [리벳 시계의] 점이 9시 방향 위치에 도달하면 손목을 구부리려고 의도했고 그 시점이 되자 그러한 의도를 거부했다. 그리고 EEG를 통해서 읽어낸 [두뇌의 전기적 활동 수치가] 점차적으로 약화되기 시작하기 전까지의 구간에서 읽어낸 EEG 기록은 그러한 의도의 존재를 나타낸다고 리벳은 말했다.

리벳의 추론이 갖고 있는 문제를 짚어낼 수 있겠는가? 리벳의 거부 실험veto experiment에 대해서 강의를 할 때면, 청중들에게 내가 고안한 작은 실험에 참여하라고 제안한다. 하나부터 셋까지 셀 테니 내가 셋을 말할 때 손가락을 튕길snap their fingers[20] 준비를 해야 한다고 말해준다. 하지만 실제로 손가락을 튕기지는 말라고 요구한다. "할 준비는 하시되 하지는 마세요"라고 말한다. "하나"라고 말한 후, 나는 손가락을 튕길 준비를 하기 위해서 두 손가락을 서로 맞대고 있지 않은 사람들을 보고서는 지시를 따르지 않는다고 농담조로 혼을 낸다.

이제 수를 센다. "하나⋯ 둘⋯ 셋!" 그리고 아무도 손가락을 튕기지 않는다! 왜 안 했는가? 왜냐하면 아무도 손가락을 튕기려고 의도하지 않았기 때문이다. 그들이 의도한 것은 손가락을 튕길 **준비를 하되** 준비한 것을 마무리하려고 손가락을 튕기지는 않는 것이다.

요점이 뭔가? 사실은 요점이 두 가지나 있다. 첫째, 만일 리벳의 실험 참가자들이 9시 방향 위치에 점이 도달했을 때 손목을 구부리려고 결코 의도하지 않았다면, 리벳의 거부 실험은 우리가 우리의 의도를 거부할 힘을 갖고 있다는 것을 증명하지 않는다. 그리고 실험 참가자들은 틀림없이 손목을 구부리려고 의도하지 않았을 것이다. 나는 나의 손가락 튕기기 실

---

20 주로 가운데 손가락과 엄지를 맞대고 엇갈리게 움직여서 '딱' 소리를 내는 것을 말한다.

험에 참여한 청중들의 태도도 전혀 다를 바가 없었을 것이라고 확신한다.

두 번째 요점은 더 중요하다. 리벳이 거부 실험에서 다음과 같은 EEG 측정 기록을 얻었다는 사실을 상기할 수 있다. 실험 참가자들이 미리 정해준 시점(이를테면, 9시 방향에 점이 도달하는 시점)에 [실제로] 손목을 구부리라는 지시를 받았던 실험에서 나타났던 EEG 측정 기록이 있는데, 적어도 일정 시간 동안은 이와 유사한 측정 기록이 [같은 시점에 손목을 구부릴 준비만 하고 실제로 구부리지는 말도록 한 거부 실험에서도] 나타난다는 사실 말이다. 따라서 [특정 시점에 피실험자들이 실제로 손목을 구부렸던 실험뿐 아니라 거부 실험에 해당하는] 실험에서도 역시 피실험자들에게서 측정된 대부분의 EEG 기록은 (더 심하게는 1초 동안의 기록 전체까지도) 의도를 나타내는 것이 아닐 수 있다. 손가락 튕기기와 거부 실험에 대해서 생각해 봄으로써, 당신은 9시 방향 시점에 손목을 구부리기를 준비하는 것이 그 시점에 손목을 구부리려고 의도하는 것과는 같지 않음을 알 수 있다. 아마도 EEG는 뭔가를 하려고 의도하시 않는doesn't intend to do 경우나, 또는 나의 손가락 튕기기 실험에 참여한 청중들이 사실은 손가락을 튕기지 **않으려고** 의도했던 것처럼 아예 **안 할** 의도를 하는intends not to do 경우까지도 포함해서, 단지 뭔가를 하려고 준비하는 것만을 집어낼 뿐일 수 있다. EEG는 특정 시점에 뭔가를 하는 것을 상상하는 것이거나 아니면 머지않아서 뭔가를 하는 것에 대해서 생각하는 것을 집어낼 수도 있다. (아니면 [동시에 둘 다를 집어내지는 않겠지만] 경우에 따라서 전자를 집어낼 수도 있고 후자를 집어낼 수도 있다.) 이러한 견해는 내가 앞서 제안했던 바와 논리적으로 충돌하지 않고 잘 들어맞는다. 즉 리벳의 원래 실험에서 근육 급활성화가 일어나기 약 0.5초 전에 [준비전위를 일으키는 두뇌 활동이] 일어나기 시작할 때 EEG의 측정 기록의 시작 부분, 또는 전체 기록의 전반부는 의도 자체와 상관관계를 맺는 것이 아니라 의도에 선행하는 뭔가와 상관관계를 맺는다는 것이다.[21]

실험에서 얻은 EEG 측정 기록에 대한 리벳의 해석이 지닌

---

21 근육 급활성화 이전 약 0.5초(평균 550밀리초) 전에 준비전위가 점차적으로 상승한다는 EEG의 측정 기록은 그 자체로는 신체 동작을 일으키려는 의도를 보여주는 것이 아니라 의도를 형성할 수도, 아니면 형성하지 않을 수도 있지만 의도를 형성할 가능성이 있을 때 그 가능성을 마련해 주는 선행조건을 나타낼 뿐이지, 그 자체로는 의도나 결심의 존재를 가리키지는 않는다는 것이다. 여기서 '상관관계'라는 표현의 의미는 다음과 같이 이해될 수 있다. A가 B와 상관관계를 맺는다는 것은 다음과 같다. A가 일어난다는 것은 그 자체로 B가 일어나기에 충분한 조건이며 또한 B가 일어난다는 것은 A가 일어나기에 충분한 조건이다. 논리적으로 말해서 A와 B의 이러한 상관관계는 필요충분조건 관계의 성립을 의미한다. 달리 말하자면, 준비전위에 대한 EEG 측정 기록과 의도의 형성이 상관관계를 맺는다면, 이러한 측정 기록이 나타날 경우에는 언제나 의도가 형성되어야 하며, 그 역도 성립해야 한다. 저자는 이러한 상관관계가 성립하지 않으며, 준비전위의 점차적 증가는 단지 특정 신체 동작을 수행하려는 의도 형성을 위한 준비 단계로서 기껏해야 의도를 형성하기 위한 필요조건일 뿐일 수 있다고 논증한 것이다.

이러한 문제는 지금 당장 손목을 구부리려는 의도가 근육 급 활성화를 일으키기 위해 얼마나 시간이 걸리는지에 대해서 질문을 해볼 때 더욱 선명하게 드러난다. 이런 의도가 형성될 때가 언제인지에 대한 리벳의 견해가 옳다면 [준비전위 활성화 수치가 증가하기 시작하는 시점부터 시작해서] 550밀리초 가 걸린다는 것이 정답이겠지만, 실제로는 200밀리초밖에 걸 리지 않는다는 증거가 있다.

이 증거를 제공하는 것은 시작 신호 반응 시간 테스트go-signal reaction time test이다. 다양한 시작 신호 실험들을 통해 이루어 지는 작업의 공통점은 과학자들이 다음과 같은 사실을 알아 내려고 한다는 것이다. 인간이 미리 정해준 행위를 시작하라 는 신호에 반응하는 데 얼마의 시간이 걸리는가? 예를 들면, 시작 신호는 일정한 음색의 소리이고 미리 정해진 행위는 컴 퓨터 마우스 버튼을 클릭하는 것일 수 있다. 실험 참가자들은 그 음색의 소리가 들릴 때 무엇을 해야 할지를 알고 있으며, 그러한 행위를 할 준비를 하고 있다. 그리고 얼마 있지 않아 곧 그러한 시작 신호가 울릴 것임을 미리 경고하는 신호가 주 어진다. 실험 참가자들은 시작 신호를 감지하게 되면 할 수 있는 한 최대한 빨리 마우스를 클릭한다.

일단 실험 참가자들이 지시 사항을 이해하고 이에 동의하 면, 그들은 일정한 음색의 소리를 듣게 될 때마다 마우스 버 튼을 클릭하려는 일반 의도general intention를 갖는다. 일반 의도는 **바로 지금** 버튼을 클릭하려는 의도, 즉 내가 **근접 의도** proximal intention 라고 부르는 의도와는 다르다. 일반 의도는 실험이 진행되는 내내 실험 참가자들이 갖고 있는 [단일한] 의도이다. 하지만 그들이 클릭을 하려는 근접 의도를 갖는다면, [실험이 진행되는 동안] 매번 클릭할 때마다 근접 의도를 갖는다는 점에서 여러 개의 근접 의도를 갖게 된다. [이 실험에서 일어나는 일이라고 우리가 생각해 볼 수 있는] 한 가지 가능성은 다음과 같다. 일반 의도 또는 다음번에 소리가 들릴 때 클릭을 하겠다는 보다 구체적인 의도가 소리를 듣는 것과 결합해서 [지금] 클릭을 하겠다는 근접 의도를 산출하고, 그 다음으로 근접 의도는 클릭하는 행위를 낳는다. 이러한 것들 [즉 소리를 들을 때마다 클릭을 하려는 일반 의도와 소리를 듣는 것, 또는 다음번에 소리가 들리면 클릭을 하려는 좀 더 구체적인 의도와 소리를 듣는 것]의 결합이 클릭을 하려는 근접 의도로 나아가고, 그다음으로 근접 의도가 클릭하는 행위를 낳는 과정에서 약간의 인과적인 연쇄가 존재할 것이다.[22]

22 이를테면, 특정 음색의 소리에 반응해서 클릭을 하겠다는 일반 의도는 청각적 소리들 중에서 특정 음색에 주의를 집중하게 만드는 원인 역할을 할 것이고, 이러한 주의가 원인이 돼서 그러한 소리가 들릴 때 그 소리에 주목하게 될 것이며, 이는 다시 일반 의도와 결합하여 근접 의도를 결과로 산출하는 공동 원인이 될 것이다. 그리고 이 근접 의도는 클릭하는 행위를 결과로 산출하는 원인이 될 것이다.

만일 방금 말한 가능성이 [실제로 실험에서] 일어나는 일이라면, 근접 의도가 [클릭 행위에 해당하는] 근육 급활성화를 생성하는 데 얼마만큼의 시간이 걸리는지를 따져볼 수 있는 아주 좋은 방안을 얻을 수 있다. 리벳이 자신의 실험에서 했던 것처럼, 근육 급활성화가 일어나는 시간을 재는 것이 가능하다. 특정 음색의 소리가 언제 났는지도 그에 대한 기록이 이루어지는 한에서 알 수 있을 것이다. 그리고 근접 의도는 그러한 소리에 대한 반응이니까, 소리가 난 후 약간의 시간이 지나서 일어날 것이다. 실험 참가자가 특정 음색의 소리를 감지하는 데에는 약간의 시간이 걸린다. 그리고 만일 소리의 감지가 근접 의도를 야기하는 원인의 일부라면, [소리의 감지에서 근접 의도의 형성까지] 역시 약간의 시간이 걸릴 것이다.

리벳 실험의 참가자들은 빠르게 돌아가는 시계를 보고 있었다. 실험 참가자들이 이와 마찬가지로 리벳 시계를 보고 있도록 하는 시작 신호 반응 시간 연구는 양자를 비교하는 데 도움이 될 것이다.[23] 정확하게 바로 이런 종류의 실험(Haggard and

---

23 리벳 실험에서도 실험 참가자들은 특정 시점에 손목을 구부리려는 결심이나 충동을 의식할 때, 이미 리벳 시계 위에서 돌아가는 점을 바라보고 있었다. 그리고 움직이는 점이 시계의 특정 위치에 있다는 것을 의식하는 것과 바로 그 시점에 손목을 구부리겠다는 충동은 실제로 손목을 구부리는 행위를 낳는 복합적인 원인이 될 것이다. 이 과정에서 중요한 점은 리벳 실험의 참가자에게 일어나는 일의 일부 역시 시작 신호 반응과 유사하다는 것이다. 미리 어떤 시점에 손목을 움직이겠다는 의도는 없지만, 적어도 바로 지금

Magno 1999)에서, 시작 신호와 근육 급활성화 사이의 평균 시간은 231밀리초였다. 이는 근접 의도가 근육 급활성화의 약 550밀리초 전에 일어난다는 리벳의 주장이 틀렸음을 보여주는 또 다른 근거가 된다. 이것은 근접 의도가 근육 급활성화를 일으키는 데 걸리는 시간이 실제로는 231밀리초보다 더 짧다는 증거이다.[24] 따라서 우리는 다음을 지지하는 추가적인 근거를 얻는다. 리벳의 실험에서 근육이 움직이기 약 0.5초 전에 뇌 속에서 일어나는 일이란 기껏해야 손목을 구부리려는 근접 결심proximal decision을 하는 데까지 나아가는 일련의 과정 중 한 단계에 불과하다.

왜 이것이 중요한가? 왜냐하면 리벳의 연구가 자유의지에 제기하는 것으로 여겨지는 도전은 모든 결심들이 무의식적으로 이루어진다는 리벳의 주장에 의존하고 있으며, 그 주장의 중요 부분은 손목을 구부리려는 실험 참가자들의 결심이 근육 급활성화보다 약 0.5초 전에 이루어진다는 리벳의 주장에

손목을 움직이겠다는 근접 의도의 형성이 있고, 이는 시계 위의 점의 특정 위치를 시작 신호로 삼아서 반응하는 것으로 볼 수 있다. 이 점에서 리벳 실험과 시작 신호 반응 시간 테스트 사이의 유사성이 존재한다.

24 앞에서 저자가 지적한 것처럼 시작 신호를 감지하고 이에 반응해서 근접 의도를 형성하는 데까지는 일정한 시간이 걸린다. 따라서 시작 신호로부터 근육 급활성화에 이르는 평균시간이 231밀리초라면 여기서 방금 언급한 일정한 반응 시간을 뺀 시간이 근접 의도의 형성에서 근육 급활성화로 나아가는 시간이 될 것이다. 그러므로 이 시간은 231밀리초보다는 짧아야 한다.

기반하기 때문이다. 결심이 언제 이루어지는가에 관한 이 질문은 결국 손목을 구부리려는 근접 의도가 언제 실험 과정에서 나타나는지에 관한 것인데, 리벳의 이러한 주장은 내가 이제까지 설명했던 것처럼 문제의 소지가 매우 크며 현재 우리에게 주어진 최선의 증거들과도 충돌한다.

앞으로 논의를 더 진행하기 전에 뭔가 충분히 다루어지지 않은 부분이 있는지 한번 확인해 보자. 만일 시작 신호가 근접 의도를 인과적으로 야기함으로써 행위를 일으키는 것이 아니라면 어떻게 되는가? 다음 차례에 특정 음색의 소리가 들리면 클릭을 하겠다는 의도가 소리의 울림을 듣는 것과 함께 클릭을 하는 행위를 낳을 뿐, 클릭을 하겠다는 근접 의도는 생성되지 않는다면 어떻게 되는가?

위에서 제기된 상황들은 실제로 일어난 일일 수도 있는 것처럼 보인다. 하지만 여기서 우리가 던져야 할 질문은 리벳의 실험에서 근접 의도가 작동했는지의 여부이다. 이와 관련이 있는 유사한 경우를 생각해 보자. 리벳류 실험에 참가하는 동안, 나는 [소리 내지 않고 마음속으로] "지금이야"라고 말할 때마다 손목을 구부리려는 일반 의도를 갖고 있었다. 그리고 내가 "지금이야"라고 말하는 것은 일종의 시작 신호인 것처럼 보인다. 그렇다면 손목을 구부리려는 근접 의도를 갖고 있었던 것이 아닐 수도 있다. 아마도 일반 의도가 "지금이야"라고 말하는 것과 결합해서, 손목을 구부리려는 근접 의도를 형성하지 않고 [곧바로] 손목을 구부리는 행위를 낳았을 수도 있다. 그리고 이와 유사한 일이 리벳류 실험들에 참가한 다른 사람들에게도 일어났을 수 있다. 아마도 그들 중 일부는 [내가 "지금이야"라고 말한 것과는] 다른 어떤 것을 시작 신호로 사용했을 수 있다. 예를 들면, [손목을 구부리려는] 충동의 느낌을 시작 신호로 삼을 수 있을 것이다. 만일 일반 의도와 시작 신호가 근접 의도를 거치지 않고 행위를 낳을 수 있다면, 바로 이와 같은 일이 리벳의 실험에 참여했던 사람들 중에서 일정한 심적 사건mental event(마음속에서 일어나는 일)을 시작 신호로 사용했던 사람들에게도 똑같이 일어났을 것이다. 예를 들어, 이들은 소리 내지 않고 "지금이야"라고 말하는 것이나 손목을 구부리려는 충동을 느끼는 것 등을 시작 신호로 삼았을 수 있다.

만일 리벳의 실험 참가자들이 충동을 시작 신호로 사용했으며 사실 손목을 구부리려는 근접 의도를 갖지 않았다는 것이 밝혀진다면, 그들의 뇌는 무의식적인 근접 의도를 형성하고 있었던 것이 아니다. 근접 의도는 여기서 아무런 역할도 하지 않은 것이 된다.[25] 반면에, 만일 근접 의도가 필수적으로

---

25 근육 급활성화가 일어나기 약 0.5초 전에 무의식적인 결심이 일어났다는 것이 리벳의 실험 해석인데, 여기서 리벳이 말하는 무의식적 결심은 무의식적으로 일어나는 근접 의도와 다르지 않다. 따라서 피실험자가 다음에 시작 신호가 감지되면 손목을 구부리겠다는 의도를 미리 형성하며 이러한 일종

관여하고 있었다면, 시작 신호에 대한 정보는 근접 의도가 리벳이 믿었던 것보다 근육 급활성화에 훨씬 더 근접한 시점에 발생했음을 시사한다. 즉 실험 참가자들이 나중에 손목을 구부리려는 충동을 처음으로 의식하게 된 때로 집어낸 시점들의 평균 시점인, 근육 급활성화의 약 200밀리초 전 시점이 근접 의도가 나타났던 때가 될 것이다.

여러분은 이제까지 내가 리벳의 실험에 대해 논의하면서 '…일 수도 있다maybe'와 '아마도perhaps' 같은 표현들을 상당히 자주 사용했음을 알아차렸을 것이다. 의도적으로 그렇게 했다. 보통 내가 이런 표현들을 사용할 때, 나는 리벳이 가정한 것이나 그가 이끌어 낸 결론과는 다른 대안적인 가정과 결론이 가능함을 지적하려고 한 것이다. 그리고 나는 [리벳의 실험에 대한] 일군의 중요한 대안적 설명들이 리벳의 주장들보다도 현재 주어진 증거들에 의해서 더 잘 뒷받침된다고 논증했다. 예를 들어, 결심들이 근육 급활성화보다 약 0.5초 전에 [무의식적으로] 이루어진다는 리벳의 주장보다는 그렇지

의 일반 의도가 시작 신호의 감지와 결합되어 행위를 낳는다면, 이 경우에 리벳의 해석은 틀린 것이 된다. 리벳의 해석이 옳다면 근육 급활성화가 일어나기 약 0.5초 전에 무의식적인 근접 의도가 형성되어야 하는데, 이 경우에는 근접 의도 자체가 아예 형성되지 않고 아무런 역할도 하지 않기 때문이다. 일반 의도는 일정 조건이 만족되면 행위를 시작하겠다는 의도이므로 이것은 리벳이 말하는 무의식적 결심에 해당하지 않는다. 리벳이 말하는 무의식적 결심은 지금 행위를 시작하겠다는 내용의 의도이기 때문이다.

않다는 설명이 증거에 의해서 더 잘 뒷받침된다.

이제 논의를 정리할 때가 되었다. 리벳의 논증을 요약하는 것으로 시작해 보자.

간결하게 요약된 리벳의 논증

1. 리벳 실험의 참가자들은 손목을 구부리려는 의식적인 결심을 하지 않는다. (대신 그들은 근육 급활성화가 일어나기 약 0.5초 전에 무의식적으로 결심을 하며 약 3분의 1초 이후에 그러한 결심을 의식하게 된다.)
2. 따라서 사람들이 뭔가를 행하려는 의식적 결심을 전혀 내리지 않을 확률이 높다.
3. 행위는 오직 그 행위를 하려고 의식적으로 정한 결심에서 비롯될[26] 경우에만 자유롭다.
4. 결론: 자유로운 행위는 없을 것이다.

여기서 [1에서 3까지의] 세 개의 전제와 이 전제들이 뒷받침하게 되어있는 결론[4번]이 주어져 있다. 내가 설명했던 것

---

26 여기서 전제가 의미하는 바는 의식적 결심으로부터 중간 단계를 거치지 않고 다른 보조적 원인의 개입 없이 (의식적 결심으로부터) 곧바로 행위가 인과적 결과로 일어나야 한다는 것이다. 오직 이런 경우에만 행위는 의식적 결심에 의한 행위로 간주될 수 있으며, 이런 한에서 그 행위는 자유의지에 의한 행위로 인정될 수 있다는 것이다.

처럼, 이 세 개의 전제는 모두 정당화되지 않는다. 첫째, 근육 급활성화의 약 0.5초 전에 결심이 이루어진다고 믿어야 할 어떤 좋은 이유도 없다. 주어진 증거가 시사하는 바는 손목을 구부리려는 근접 의도가 그보다 훨씬 나중에 형성된다고 보는 것이 참일 확률이 더 높다는 것이다. 둘째, 전제 2에서 이루어지고 있는 일반화는 정당화되지 않는다. 설사 찬반양론이 존재하지 않고 추론을 전혀 요구하지 않는 [행위가 문제가 되는] 상황에서는 결심이 무의식적으로 이루어진다고 하더라도, 그와 같은 추론이 요구되는 상황에서 무엇을 할지에 대해서 의식적으로 추론하는 것은 의식적으로 결심이 이루어질 확률을 높여줄 것이다. 셋째, 전제 3에서 제기된 철학적 주장은 의문의 여지가 있다. 만일 우리에게 알려진 의식적인 추론이 결심을 낳고, 그 결심이 이어서 행위를 야기한다면, 결심이 이루어진 때와 그 결심을 행위주체가 의식하게 된 시점 사이에 200밀리초 정도 약간의 시간 지연이 존재한다고 해서 그것이 왜 문제가 되어야 하는가? 물론 리벳의 실험 참가자들이 손목을 구부리려는 무의식적 결심을 내렸다는 것을 리벳이 입증하지 못했다는 점을 고려하면, 사실 전제 3에 대해서는 걱정할 필요가 없다. 마지막으로 앞서 지적했던바 세 전제들이 갖는 문제들을 통해서 생각해 볼 때, 우리는 리벳의 논증의 결론이 매우 약한 근거에 의존하고 있다는 결론을 안전하게 내릴 수 있다. 리벳의 실험은 우리가 우리 자신의 자유

의지로 행위하는 것이 결코 아니라는 것을 증명하는 수준에
도달하기는커녕 그에 근접하지도 못한다.

Chapter 3

신경과학의 최신 연구는
자유의지가 존재하지 않음을 입증하는가?

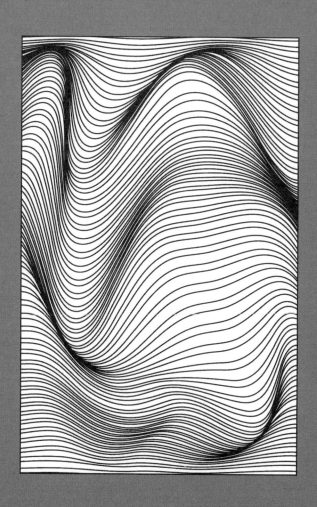

리벳의 초기 실험들이 이루어진 이후로 30년이 넘는 세월이 흘렀다. 오늘날은 그때보다 기술이 더 진보했기 때문에, 리벳이 증명하는 데 실패했던 주장을 신경과학자들이 최근의 실험들을 통해서 증명하는 데 성공했는지 궁금할 수도 있다. 최근에 대중 매체를 통해 자유의지의 존재에 대해 매우 파괴적인 수준의 도전을 제기하는 것으로 선전된 두 개의 신경과학 실험들이 있었다. 나는 이 실험들의 내용을 기술하고 왜 이 실험들이 자유의지에 대해서 제기한다고 여겨지는 위협이 환상에 불과한지를 설명할 것이다.

과학 저술가 엘사 영스테트Elsa Youngsteadt가 2008년에 쓴 기사에 의하면, "연구자들은 사람들이 자신이 선택을 내렸다는 것을 의식하기 최대 약 10초 전까지 그 사람들의 결심을 예측할 수 있게 해주는 두뇌 활동 패턴을 발견했다. … 이러한 연구 결과는 어떤 사람들에게는 그대로 받아들이기 어려울 것이다. 왜냐하면 그러한 연구 결과는 의식이 없는 두뇌가 결심을 일으키며 자유의지는 사후에 발생하는 환상이라는 점을 시사하기 때문이다." 여기에는 리벳의 연구에서와 마찬가지로 우리의 결심들이 무의식적으로 이루어진다는 생각이 자유의지에 대한 도전의 전면에 나타난다.

영스테트가 기사에서 언급했던 실험(Soon et al. 2008)에서는 두뇌 활동을 측정하기 위해서 기능적 자기공명영상functional magnetic resonance imaging, fMRI이 사용된다. 이 기술은 두뇌 내부 혈액의 흐름에 일어나는 변화를 측정하며 연구자들은 이를 통해 두뇌의 어느 부분이 주어진 일정 시간 동안 가장 활성화되는지를 결정한다. 해당 실험의 참가자들은 자신들의 두뇌 활동이 fMRI를 통해 측정되는 동안 간단한 결심들을 여러 차례 실행하라는 요구를 받았다. 주어진 선택지들은 항상 똑같았는데, 두 개의 버튼 중 한쪽을 누르는 선택을 하는 것이었다. 두 개의 버튼 중에서 어느 쪽을 누를지의 선택에는 보상이나 처벌 같은 어떤 것도 사전에 관련되지 않았다. 실험을 수행한 과학자들은 "실험 참가자가 의식적으로 결심을 하기 전 왼쪽 버튼을 누르는 반응과 오른쪽 버튼을 누르는 반응 중 한쪽을 선택하기 직전에 있을 때 그쪽이 어느 쪽인지에 대해 매우 높은 정확도를 가지고 사전 정보를 제공하는 두 개의 두뇌 영역"[1]을 발견했다고 말한다(앞서 인용된 논문, p. 544). 과학자들은 "신체 동작을 수행하겠다는 의식적인 결심이 일어나기 최대" 10초 전에 [그러한 결심을 야기하는 것으로 여겨지는 특정 두뇌 영역 활성화에 대한] "신경 정보neural information가 선행해서 나타난다"고 보고했다.

우선적으로 당장 지적해야 할 점 하나는 이 연구에서 실제로 나타난 정확도가 단지 약 60퍼센트일 뿐이라는 사실이다. 당연한 이야기지만 둘 중 하나를 선택할 순수한 확률은 각각 50퍼센트이다. 그저 동전을 던져서 앞면이 나오는지 아니면 뒷면이 나오는지에 따라서 (이를테면, 앞면이 나오면 오른쪽 버튼을 누르고 뒷면이 나오면 왼쪽 버튼을 누른다고 정할 수 있다) 실험 참가자가 둘 중 어느 버튼을 누를지 내가 예측한다면, 나는 버튼 누르기 실험의 참가자가 다음에 어느 쪽 버튼을 누를지

---

1 즉 두 개의 두뇌 영역 중 한쪽 영역은 왼쪽 버튼을 누르려는 의식적인 결심 이전에 왼쪽 버튼을 누르는 반응이 일어나기 직전임을 예측할 수 있게 해주고, 나머지 다른 쪽 영역은 오른쪽 버튼을 누르려는 의식적인 결심 이전에 오른쪽 버튼을 누르는 반응이 일어나기 직전임을 예측할 수 있게 해준다는 것이다. fMRI를 통한 측정 결과를 통해서 과학자들은 이를테면 실제로 실험 참가자가 왼쪽 버튼을 누른 경우에 그가 왼쪽 버튼을 누르겠다고 의식적으로 결심을 하기 전 높은 확률로 다른 영역들에 비해서 더 많이 활성화되는 두뇌 영역이 있다는 것을 발견한 것이다. 그리고 오른쪽 버튼을 누른 경우에는 왼쪽 버튼을 누르기 전에 더 활성화되는 영역과는 다른 특정 두뇌 영역이 미리 더 활성화된다는 것을 발견했다.

에 대해 50퍼센트의 정확도로 예측할 수 있다. 그리고 만일 실험 참가자가 일 분 동안 (아니면 한 시간 동안) 버튼을 누르지 않고 있는 데 동의했다면, 나는 그가 이후에 어느 버튼을 누르기로 선택할지에 대해서 일 분 전에 (아니면 한 시간 전에) 미리 예측을 할 수 있다. 내 예측은 [위에서 말한 실험과 비교하자면] 10퍼센트 더 부정확하다. 하지만 [얼마나 일찍 예측을 할 수 있는가에 관한] 시간의 문제에서는 내가 큰 격차로 이긴 것이다.[2]

버튼이 눌러지기 몇 초 전에 과학자들이 측정한 것 또는 감지해 낸 것은 무엇인가? [실험을 통해서 측정된 두뇌의] 신경 활동은 무엇과 연관되는가? 버튼을 눌러야 할 다음 차례에 특정한 버튼 쪽으로 기울어진 약한 무의식적 편향slight unconscious bias임이 확실하다고 나는 생각한다. 그러한 편향은 실험 참가자가 다음번 차례에 해당 버튼을 누르게 될 60퍼센트의 확률이 생기도록 할 수 있을 것이다.

---

2   본문에서 언급된 실험에서 과학자들은 최대 10초 전까지 60퍼센트의 확률로 실험 참가자의 선택을 미리 예측할 수 있었다. 정확도는 10퍼센트 더 낮지만, 저자는 한 시간 전이든 아니면 그보다 훨씬 오래전이든 상관없이 동전 던지기와 같은 방식을 사용해서 50퍼센트의 확률로 실험 참가자의 선택을 예측할 수 있다. 이렇게 정확도 차이는 크지 않지만, 예측을 할 수 있는 시점의 큰 차이를 고려하자면 저자의 예측 방식이 결코 fMRI를 통한 과학자들의 예측에 뒤질 것이 없으며, 시간적인 효율성을 고려하자면 오히려 훨씬 더 낫다고 볼 수도 있다.

편향에 대해 이야기하면서 내가 의미하는 바는 오로지 실험 참가자가 다음번 차례에 한쪽 버튼보다는 다른 쪽 버튼을 누르는 쪽으로 행동하려는 경향이 약간 더 있다는 것뿐이다. 그 사람이 그러한 경향을 느낀다거나 심지어는 이를 의식한다고 말하는 것이 아니다. 당신이 실험 참가자가 되었다고 해보자. 당신은 왼쪽 버튼을 누르거나 오른쪽 버튼을 누를 수 있다. 당신은 어떤 특정한 패턴도 따르지 않으려고 노력하면서 이러한 행위를 여러 번 수행한다. 따라서, 아마도 단지 희미하게 그럴 뿐이겠지만, 당신이 이전까지 어느 쪽 버튼을 눌러왔는지를 기억하고 있을 것이다. 그리고 이 모든 활동은 당신이 다음번에는 이전과는 다른 방향으로 나아가려는 아주 약간의 경향성을 갖도록 할 수도 있으며, 당신은 이런 경향성을 의식할 수도 있고 그렇지 못할 수도 있다. 조금 있다가 이 사안을 다시 다루기로 하자.

실험 참가자들은 내가 예전에 말했던 쇼핑 사례에서 땅콩 병을 집어 드는 구매자들과 유사하다. 구매자는 [어떤 차이도 없이 죽 나열되어 있는] 16온스 땅콩 병인 한, 어떤 특정한 병을 집을지에 대해서 신경 쓰지 않는다. 또한 실험 참가자들은 리벳의 실험에 참가한 사람들과 유사한 상황에 처해 있다. 단지 [리벳류 실험에 참가한 사람은 이를테면] 아무런 특정한 이유 없이 버튼을 눌러야 할 시점[3]을 골라내야 하지만 그 대신에 [현재 논의되고 있는 fMRI를 사용한 신경학적 실험에 참가한 사람들은] 어떤 특정한 이유도 없이 눌러야 할 버튼을 골라야 한다는 것만 다를 뿐이다. 이런 종류의 선택은 자유의지와는 크게 관련이 없을 수도 있다. 하지만 설사 관련이 있다고 하더라도, 이와 같은 영역에서 이루어진 발견을 어려운 선택을 해야 하고 무엇을 해야 할지를 의식적으로 추론할 때 일어나는 일들에까지 일반화시키기는 어려울 것이다.

이와 관련된 오래된 우화가 바로 뷔리당의 당나귀Buridan's ass이다. 이 당나귀는 너무나도 합리적이어서 다른 선택지들과 비교할 때 특정한 선택을 해야 할 더 좋은 이유가 없을 경우에는 결코 행동을 하지 않는다. 어느 날 허기를 느끼게 된 이 특출한 당나귀는 동일한 크기와 동일한 정도로 욕구를 자극하는 두 건초더미 사이에 자신이 있음을 발견했다. 당나귀는 왼쪽과 오른쪽을 한 차례 쳐다보았다. 당나귀에게는 이 두 개의 건초더미 중 하나를 다른 하나보다 더 선호해야 할 어떤 이유도 없었다. 따라서 당나귀는 그 가운데에서 그냥 서있기만 하다가 결국에는 굶어 죽었다. 불쌍한 당나귀 같으니라고!

---

3 저자가 실제로 말한 것은 '리벳의 실험Libet's experiment'이기 때문에 정확하게 말하자면 손목을 구부리거나 까딱하는 신체 동작을 언제 일으킬 것인지를 골라내는 문제가 된다. 그러나 리벳류의 실험으로 본다면 버튼을 누르는 시점을 고르는 것도 이러한 신체 동작의 영역에 포함된다. 즉, 본질적으로는 차이가 없다. 지시받은 동작을 어느 시점에 수행할 것인지에 대한 결정을 하는 것이기 때문이다.

지금 내가 다루고 있는 fMRI 실험에서는 리벳의 실험과 마찬가지로 실험 참가자들이 뷔리당의 당나귀가 처한 것과 유사한 문제 상황 속에 놓여있다. 해법이란 단지 하나를 선택하는 것이다. 만일 당나귀가 건초더미를 무작위로 집어낼 수 있었다면, 이 이야기는 행복한 결말을 맞이했을 것이다. fMRI 연구의 참가자들도 무작위로 눌러야 할 버튼을 골랐다. 어떤 때는 왼쪽 버튼을, 다른 때는 오른쪽 버튼을 누르기로 무작위 선택을 한 것이다. 여기서 나의 우려는 이러한 종류의 [무작위적] 선택이 찬반양론을 의식적으로 저울질하는 수많은 추론 과정을 거쳐서 선택이나 결심으로 나아가는 상황들에서 일어나는 선택이나 결심과 별로 유사해 보이지 않는다는 것이다. [눌러야 할] 버튼을 무작위로 집어내는 것이 배우자에게 이혼을 요구하기로 하는 결심, 직업을 바꾸기로 하는 결심, 또는 조그만 사업을 시작하기로 하는 결심과 같이 지지하는 근거들과 반대하는 근거들에 대한 오랜 숙고 끝에 이루어지는 결심과 어떻게 유사할 수 있단 말인가? 만일 무작위적 선택이 이러한 결심들과 그렇게 많이 비슷하지 않다면, 무작위적 선택의 사례에서 일어나는 일이 공을 들여서 이루어지는 복잡한 결심의 사례에서도 마찬가지로 일어난다고 주장하는 것은 심한 비약이다.

또 다른 문제는 다음번에 실험 참가자가 어느 쪽 버튼을 누르게 될지에 대한 예측의 정확도가 60퍼센트라는 사실이 자유의지를 심각하게 위협하는 것으로 보이지 않는다는 것이다. 내가 설명했듯이, 버튼을 누르는 행위가 일어나기 몇 초 전에 이루어지는 예측은 다음번 차례가 오면 특정한 버튼을 고르는 쪽으로 기울어진 약간의 편향을 반영하는 두뇌 활동에 기초하고 있을 수 있다. 하지만 이러한 약간의 편향이 자유의지를 배제한다는 점은 명백해 보이지 않는다. 그러한 편향은 특정 행동을 하도록 명령하거나 강제하지 않는다. 그것은 단지 특정 선택 쪽으로 약간 기울어지도록 살짝 영향을 주는 것 nudge에 불과하다.

다음으로 우리가 논의할 사안은 심부 전극depth electrode을 사용한 최근의 실험(Fried et al. 2011)이다. 심부 전극은 1950년대부터 사용되어 왔지만 오늘날 더 정교해졌다. 심각한 간질을 앓고 있는 사람들은 경우에 따라 두개골의 일부분을 제거해야 하는 수술을 선택한다. [두뇌를 둘러싸고 있는 두개골 일부를 절개하고 난 후 두뇌 일부가 드러나면] 전극들은 두뇌의 표면에 (또는 경우에 따라서는 두뇌 표면 약간 아래쪽에) 배치된다. 이렇게 하는 것은 [간질] 발작을 일으키는 부위가 어디에 있는지를 찾아냄으로써 발작의 원인이 되는 두뇌 영역에 외과 수술을 수행하기 위한 것이다. [전극들을 통해] 두뇌로부터 직접적으로 측정된 전기 수치의 기록은 EEG를 통한 측정보다 훨씬 더 많은 정보를 제공해 준다. 왜냐하면 EEG에 의해서 측정된 전기는 [두뇌로부터] 두개골의 두꺼운

뼈 층을 통과하여 도달된 것이기 때문이다.

만일 원한다면, 환자들은 전극이 두뇌에 배치되어 있는 동안 리벳류의 실험들을 비롯해서 다양한 두뇌 연구들에 참여할 수 있다. 그러한 한 연구에서, 프리드Fried와 동료들은 80퍼센트의 정확도로 뭔가를 예측해 낼 수 있었다. 실험 참가자들은 그들이 원할 때면 언제나 키를 누르고 나서 그다음에 다음과 같이 보고하라는 요구를 받았다. 그들은 키를 누르고 싶은 충동을 처음으로 느꼈을 때 리벳 시계의 어느 지점에 손the hand[4]이 있다고 믿는지를 보고해야 한다. 실험을 수행하는 과학자들은 이러한 믿음의 대상인 시점[즉 실험 참가자들이 키를 누르려는 충동을 의식했을 때 리벳 시계의 손 모양이 가리키고 있다고 믿는 시점]을 'W 시점w time'이라고 부른다. (이용어는 리벳으로부터 빌려온 것이다.) 두뇌의 보조운동영역supplementary motor area[5]에 있는 뉴런들로부터 직접 얻은 측

4　경우에 따라서는 점이 아니라 손 모양의 아이콘 같은 것이 이동하면서 화면에 있는 리벳 시계의 시계침 역할을 한다.

5　일차운동피질primary motor cortex 앞쪽에 위치한 두뇌 영역으로, 신체 움직임을 통제하는 데 기여한다. 일차운동피질은 전두엽frontal lobe의 브로드만 영역Brodmann area 4에 위치한다. 브로드만 영역은 독일의 신경해부학자인 코르비니안 브로드만Korbinian Brodmann이 19세기말과 20세기초에 걸쳐서 두뇌 세포들의 유형과 세포들의 밀집도를 고려하여 두뇌 영역을 구분한 것에서 기인한다(Bermúdez 2021, p. 232 참고). 일차운동피질, 보조운동영역, 전운동피질premotor cortex, 후두정엽피질posterior parietal cortex은 함께 운동을 계획하고 실행하는 역할을 담당하는 것으로 여겨

정치들을 가지고서 실험 수행자들은 실험 참가자가 보고하게 될 시점이 언제가 될지를 예측할 수 있었다. 실험 수행자들은 이러한 W 시점보다 700밀리초 전(10분의 7초)에 이러한 예측을 할 수 있었다. 약간 더 상세하게 말하자면, 사실 다음과 같다. 80퍼센트의 W 시점[예측]의 경우에, 실험 참가자가 나중에 보고했던 W 시점보다 약 700밀리초 전에 뉴런 활동의 중요한 변화가 탐지되었고, 과학자들이 예측했던 W 시점은 실험 참가자가 보고했던 W 시점과 비교해서 몇백 밀리초의 범위 내에 있었다.

실험 수행자들이 알게 된 것처럼, 시간을 측정하는 것은 아주 까다로운 과제이다. 다음을 생각해 보라. 실험 참가자들은 충동을 의식하기 위해서 자신들의 마음속을 들여다보면서 충동이 의식 속에서 튀어나오는 것과 아주 빠르게 돌아가는 리벳 시계의 손에 대한 자신들의 지각perception을 대응시키려고 애를 쓴다. 하지만 이런 문제 때문에 옆길로 새지는 말도록

지고 있다. 이들 모두는 대뇌피질cerebral cortex에 자리 잡고 있다. 자발적인 신체 동작이나 행위가 이루어지기 전에 보조운동영역의 두 부분영역(보조운동영역은 적어도 6개 이상의 부분을 가지는 것으로 보고되고 있다)이 활성화된다는 연구가 있다(Cunnington R, Windischberger C, Deecke L, Moser E. 2003. "The preparation and readiness for voluntary movement: a high-field event-related fMRI study of the Bereitschafts- BOLD response". *NeuroImage* 20(1): 404 - 412. 이 연구에 대한 인용은 영문 위키피디아의 'supplementary motor area' 항목을 참고하였다. URL(http://asq.kr/yA3t7zwBP) 참고).

하자.

여기서 핵심은 꽤 구체적인 특정 두뇌 활동이 키를 누르려는 의식적 충동을 야기하는 것처럼 보인다는 것이다. 나는 [이러한 두뇌 활동에 대한] 기록이 보조운동영역으로부터 이루어졌다는 점을 이미 언급하였다. 보조운동영역은 신체적 행위의 준비와 산출에 필수적으로 연관되는 영역이다.

어떻게 해서 이러한 실험 결과가 자유의지를 부정하는 것으로 여겨질 수 있을까? 이 실험을 수행했던 과학자들은 내가 논의하고 있는 기사[앞서 말했던 영스테트의 기사]에서 등장했던 자유의지에 대한 주장[즉 자유의지의 존재를 부정하는 주장]을 하지 않는다. 하지만 다른 사람들은 그 연구 결과가 자유의지를 위협한다고 해석한다. 실험 참가자들이 키를 누르려는 의식적인 충동을 알아채기도 전에 무의식적인 두뇌 활동이 그들이 언제 키를 누를지를 이미 결정했다는 것이다.

하지만 정말 그럴까? 두 가지가 지적되어야 한다. 첫째, W 시점에 대한 예측이 단지 80퍼센트만 정확했다는 사실을 고려하면, [실험 참가자들의 의식적 결심에 있어서] 결정론 determinism이 필수적으로 관여한다고 믿을 만한 특별한 이유가 없다. 둘째, 설사 키를 누르려는 충동들이 무의식적인 두뇌 활동에 의해서 결정된다고 하더라도, 그렇게 결정된 **충동**을 따라서 행위를 할지 말지는 [여전히] 실험 참가자들 자신에게 달려있을 수 있다. 리벳은 자신의 실험에 참가한 사람들의 일부가 간혹 손목을 구부리려는 충동을 거부했다고 보고 했음을 이야기했다. 실험 참가자들은 [그렇게 충동을 거부한] 다음에는 손목을 구부리기 전에 나타나는 또 다른 충동을 [의식하기를] 기다렸다고 말했다. 이것이 시사하는 바는 설사 충동이 무의식적인 두뇌 과정들에 의해서 결정된다고 하더라도, 그러한 두뇌 과정들이 그러한 충동에 따르는 행위를 결정하지 않을 수도 있다는 것이다. 어쨌든 당신이 리벳 실험의 참가자였다면, 적어도 40번 이상 내키는 대로 손목을 구부리는 동안 간혹 [손목을 구부리려는] 충동을 거부하는 것 같은 뭔가를 느껴가면서 지루함을 견뎌야 했을 것이다.[6]

지금까지 나는 얼마나 오랫동안 '결정론'이라는 단어를 쓰지 않고 논의를 계속 이어올 수 있을지를 고민해 왔다. 당신

---

6 다수의 손목 구부리기 과제를 수행하면서 실험 참가자들은 그것이 사전 계획 없이 내키는 대로 이루어져야 한다는 지시를 받았다. 그리고 리벳은 간섭 요소들을 제거하기 위해서 손목 구부리기 과제를 다수 시행하도록 요구했다. 피실험자들은 같은 행위를 반복하면서 지루함을 느꼈을 것이고, 그 와중에 간혹 손목을 구부리려는 충동이 일어나는 것 같은데 동시에 그러한 충동을 억누르는 것과 같은 느낌을 받게 될 것이다. 이를테면 '아 지금 좀 움직이고 싶기는 한데 이번에 하는 것은 아닌 것 같고 다음에 내키면 하자'와 같은 식의 내적 경험을 하게 된다. 적어도 실험 참가자들의 20퍼센트가 무의식적 두뇌 활동으로부터 예측되는 바와 다르게 행동했다는 것은 설사 그런 두뇌 활동이 충동을 야기한다고 하더라도 위에서 예시한 것과 같이 의식적인 충동의 거부가 가능했다는 해석을 가능하게 해준다. 그렇다면 이러한 거부의 가능성이 여전히 의식적인 결심이 최종적으로 행위를 야기하는 필수적인 과정임을 간접적으로 시사하는 것으로 해석할 수 있다.

은 이 단어가 바로 이전 단락에서 등장한다는 것을 눈치챘을 것이다. 그러면 결정론이란 무엇인가? 자유의지에 대한 철학 저술들의 주류 관점에 의하면, 물리학의 경우와 마찬가지로 결정론은 다음과 같은 입장이다. (50년 전이든, 빅뱅이 일어난 약간 뒤이든, 어느 시점이든 상관없이) 임의의 시점에서의 우주에 대한 완전한 기술description과 모든 자연법칙들의 완전한 목록은, 앞으로 일어날 모든 것들을 포함하여 우주에 대해서 참인 모든 것들을 논리적으로 함축entail한다. 만일 어떤 진술statement 하나가 참이라면 다른 어떤 진술도 참이라는 것이 **필연적**necessarily일 때, 전자의 진술이 후자의 진술을 논리적으로 함축한다고 말한다. 우리가 "진술 A가 진술 B를 논리적으로 함축하는가?"라고 물을 때, 만일 B가 참이 아니면서 A가 참이 될 수 있는 방법이 전혀 없다면, 그 대답은 "그렇다"가 되어야 한다.[7] 따라서 진술 A를 십억 년 전의 우주에 대한 완

---

7   진술 A가 진술 B를 논리적으로 함축한다면, 본문에서 볼 수 있듯이, 다음의 조건문이 필연적으로 참이라고 정의될 수 있다. "만일 진술 A가 참이면, 진술 B는 참이다." 논리적으로 말해서, 조건문이 거짓이 되는 필요충분조건은 전건(antecedent. 여기서는 '진술 A가 참이다')이 참이면서 후건(consequent. 여기서는 '진술 B가 참이다')이 거짓이 되는 것이다. 이러한 경우가 불가능하다면, 해당 조건문은 거짓일 수가 없기 때문에 필연적으로 참이다. 본문에서 말하는바, 진술 B가 참이 아니면서 진술 A가 참일 수 있는 방법이 전혀 없다는 것은 방금 말한 조건문의 전건이 참이면서 후건이 거짓일 수가 없다는 것과 논리적으로 동치equivalent이다. (간단히 말해서, 의미가 같다고 보면 된다.)

전한 기술에 더해서 모든 자연법칙의 목록이 추가된 것이라고 하고, 진술 B를 내가 오늘 아침에 콘플레이크를 아침 식사로 먹었다(실제로 나는 그렇게 했다)는 것이라고 하자. 만일 우리가 살고 있는 우주에서 결정론이 참으로 성립한다면, A가 참이면서 진술 B(내가 오늘 아침에 아침 식사로 콘플레이크를 먹었다)가 거짓인 것은 불가능하다. 만일 우리 우주에서 결정론이 참이 아니라면, 진술 A는 내가 오늘 아침식사로 콘플레이크를 먹었다는 진술 B뿐만 아니라 내가 오늘 아침 식사로 콘플레이크 대신 다른 것을 먹었다는 진술과도 모두 양립가능 compatible 하다.[8]

당신은 '자유의지 대對 결정론'이라는 표현을 들어본 적이 있을 것이다. 이 표현을 사용하는 어떤 사람들은 **결정론**이라는 말로 '자유의지와 양립불가능한incompatible[9] 뭐 그런 것'

---

8 여기서 두 진술 간에 양립가능성compatibility이 성립한다는 것은 두 진술이 모순 관계에 있지 않으며 모두 참일 수 있다는 것을 의미한다. 결정론이 거짓이라면 저자가 아침 식사를 고르기 전의 모든 우주의 상태와 자연법칙이 동일하게 유지되더라도 저자는 콘플레이크를 먹었을 수도 있고, 다른 것을 먹었을 수도 있다. (아니면 아무것도 안 먹었을 수도 있다.) 그가 아침 식사로 무엇을 먹는지는 이전의 우주의 상태와 자연법칙에 의해서 이미 결정되지 않기 때문이다. 따라서 진술 A가 참이면서 진술 B도 참일 수 있고, 아니면 진술 A가 참이면서 진술 B의 부정(저자가 아침 식사로 콘플레이크를 먹지 않았다)도 참일 수 있다. 물론 B와 B의 부정은 서로 모순이므로 동시에 참일 수는 없다. 중요한 것은 진술 A가 기술하는 모든 것으로부터 진술 B나 그 부정진술이 논리적으로 함축되지 않는다는 것이다.

9 즉 이러한 입장에 따르면 자유의지가 존재한다는 진술과 결정론이 참이라

정도 이상을 의미하지 않는다. 하지만 나는 지금 그런 의미로 '결정론'이라는 단어를 사용하고 있지 않다. 그나저나, 내가 말하고 있는 결정론은 일종의 힘force 이 아니다. 결정론은 만일 A와 같은 우주에 관한 진술이 우주에 대한 다른 모든 참인 진술들을 논리적으로 함축할 경우에 성립하는 우주의 존재 방식일 뿐이다.

어제 지역 신문의 기자로부터 전화가 왔다. 그는 내가 몸담고 있는 〈자유의지에 관한 커다란 질문들〉 프로젝트에 대해서 들었다고 하면서 자신을 위해서 내가 어떤 질문 하나에 답을 줄 수 있을 것이라고 생각했다. 그 기자의 질문은 미식축구 게임에서 어느 팀이 이길지에 대해서 신이 신경을 쓰는지였다. 내가 이 질문이 어떻게 자유의지와 관련이 있는지를 되물었을 때, 그는 결정론을 언급했다. 그리고 내가 그가 말하는 '결정론'이 무엇을 뜻하는지 물었을 때, 그는 잠시 동안 대답을 하지 못하고 쩔쩔맸다. 마침내, 그는 결정론이 자유의지를 불가능하게 만드는 어떤 힘이라고 설명했다. 이미 이 책에서 설명했던 것처럼, 나는 그 기자에게 철학자들과 물리학자들은 그보다 더 명확한 뭔가를 결정론으로 간주한다고 설명해 주었다.

는 진술은 모두 참일 수 없으며, 하나가 참이면 다른 하나는 거짓이어야 한다.

자, 이제 신경과학으로 되돌아가자. 내가 여태까지 논의해 왔던 실험들을 생각해 보자. 무엇이 실험 참가자들에게 달려 있을 수 있고 무엇은 달려있지 않을 수 있는지를 물을 수 있을 것이다. 이 질문과 관련해서 신경과학자 라마찬드란V. S. Ramachandran이 제안한 흥미로운 사고 실험이 있다. 리벳의 실험에 기초해서, 라마찬드란의 사고 실험은 다음과 같이 시작한다. "당신이 손가락을 꼼지락거리는 동안 나는 당신의 EEG를 관찰하고 있다. … 나는 당신이 [손가락을 꼼지락거리는] 행위를 하기 일 초 전에 준비전위[가 상승하는 것]을 볼 것이다. 하지만 내가 화면에 나타나는 [준비전위의] 신호를 당신 앞에 놓음으로써 당신의 자유의지를 볼see 수 있도록 한다고 해보자. 당신이 스스로의 자유의지라고 여기는 것을 사용해서 손가락을 꼼지락거리기 직전이 될 때마다, 기계는 그일 초 전에 [당신의 자유의지가 생겨난다는 것을] 미리 말해 줄 것이다!"(Ramachandran 2004, p. 87).

라마찬드란은 [이런 상황에서] 당신이 무엇을 경험하게 될 것인지를 묻고는 다음과 같은 대답을 내놓는다.

다음과 같은 세 가지 논리적 가능성들이 존재한다. (1) 당신은 갑작스런 의지의 상실을 경험하고, 기계가 당신을 조종하고 있으며 당신은 단순한 꼭두각시에 불과하고 자유의지는 단지 환상일 뿐이라고 느낄 수 있다. … (2) 당신은 그 상황이 당신이 자유의지를 갖고 있다는 자각을 조금도 바꾸지 않는다고 생각하면서, 그 기계는 당신의 동작을 정확하게 예측할 수 있는 어떤 종류의 초자연적인 예지력을 갖고 있다고 믿는 쪽을 택할 수도 있다. (3) 당신은 … 눈 앞에 놓인 증거를 부정하고 의지에 대한 당신의 감각이 기계의 신호보다 먼저 일어난다고 주장할 수도 있다.

라마찬드란은 뭔가 중요한 논리적 가능성 하나를 간과했던 것일까? 만일 내가 그러한 실험의 참여자였다면, 나는 명백하게 그 기계의 능력을 테스트하려고 했을 것이다. 화면 위에 나타나는 [준비전위의 상승] 신호를 바라보고 그다음에 내가 손가락을 꼼지락거리지 않을 수 있는지를 확인할 것이다. 리벳의 실험 데이터는 명백하게 이러한 가능성을 열어놓고 있다. 리벳의 거부 실험에서 발견된 것과 유사한 EEG의 측정 기록을 만들어내는 것조차도 내가 할 수 있었을지도 모른다. 여태까지 다루었던 다른 실험들에서도 마찬가지로 이러한 [거부의] 가능성은 열려있다.

다음의 두 문장들을 생각해 보자.

1. 당신이 손가락을 꼼지락거릴 때마다, 신호 S가 손가락을 꼼지락거리기 일 초 전에 나타난다.

2. 신호 S가 나타날 때마다, 당신은 일 초 뒤에 손가락을 꼼지
   락거린다.

위의 두 문장들은 아주 다른 두 가지를 말하고 있다.[10] 이러한
차이는 쉽게 파악할 수 있다. 특히 당신이 1과 2 각각에 대응
하는 다음의 두 문장들을 생각해 볼 때 더욱 그렇다.

3. 당신이 복권에 당첨될 때마다, 당신은 당첨되기 전에 복권
   표를 손에 넣었다. 예를 들어, 당신은 복권표를 샀거나 아
   니면 복권표를 하나 찾아냈다.
4. 당신이 복권표를 손에 넣을 때마다, 당신은 복권에 당첨
   된다.

문장 3이 말하는 것처럼, 당신이 복권표를 손에 넣지 못한다

---

10 1에서 신호 S가 나타난다는 것은 당신이 일 초 뒤에 손가락을 꼼지락거리는
    행위를 하기 위한 필요조건이라는 것만을 말해줄 뿐이며, 신호가 가리키는
    사건의 발생 자체만으로 그러한 행위를 야기할 수 있는 충분조건이 될 수
    있는지에 대해서는 말해주는 바가 없다. 반면에 2는 신호 S의 나타남은 그것
    이 가리키는 사건의 발생이 그 자체로 일 초 뒤의 손가락을 꼼지락거리는
    행위를 야기하기에 충분한 조건임을 의미한다. 우리는 이전 장에서 리벳의
    실험을 저자가 비판할 때 이와 유사한 논리적인 문제를 지적했음을 보았다.
    라마찬드란의 사고 실험은 2를 전제한다. 그러나 실제로 참인 것은 2가 아
    니라 1일 뿐이다.

면 당신은 복권에 당첨될 수 없다. 하지만 이것은 문장 4에서 주장하고 있는 것, 즉 당신이 손에 넣는 모든 복권표가 당첨된다는 것을 의미하지 않는다. 이와 유사하게, 아마도 당신은 신호 S가 나타나지 않는다면 당신의 손가락을 꼼지락거릴 수 없을지도 모른다. 그러나 이것은 신호가 나타날 때마다 당신이 손가락을 꼼지락거리게 될 것이라는 의미가 아니다.

만일 당신이 S 신호를 본 후에도 손가락을 움직이지 않는데 성공한다면, 아마도 그 신호는 손가락을 꼼지락거리려는 근접 의도 또는 결심을 일으킬 수도 있는 잠재적 원인의 존재를 나타내는 것일 수 있다. 그러나 그와 같은 잠재적 원인이 존재할 때조차도 당신은 손가락을 꼼지락거리지 않기로 결심할 수 있고 그러한 결심에 따라서 행동할 수 있을 것이다. 이러한 경우에, 기계가 당신을 제어한다고 보지는 않을 것이며, 당신 앞에 놓인 증거를 부정하지도 않을 것이다. 한 마디로 라마찬드란이 언급한 세 가지의 가능성 중 어느 하나에도 해당하지 않을 것이다. 당신의 이러한 반응은 라마찬드란이 언급하지 않았던 네 번째 가능성에 해당한다.

내가 지금까지 논의했던 신경과학 실험에서, 실험 참가자들은 충동이 의식될 때까지 기다린 다음에 충동이 일어나면 그에 따라 행동하게 되어있다. 그들은 언제 손목을 구부릴지 또는 키를 클릭할지에 대해서 미리 계획해서도 안 될 뿐 아니라 미리 생각하는 것조차도 해서는 안 된다. fMRI 실험에서도 역시 무엇을 할지에 대한 생각은 허용되지 않는다. 실험 참가자들은 단지 무작위적으로 어느 쪽 버튼을 누를지를 골라야 하며 아마도 이것은 [미리 계획되지 않고 갑자기 생겨난] 충동에 대한 반응으로 일어날 것이다. 따라서 우리는 이러한 충동이 의식적인 과정을 통해서 일어날 것으로 예상해서는 안 된다. 하지만 물론 그런 충동이 아무것도 없는데 갑자기 튀어나오지는 않는다. 즉, 충동을 일으키는 원인이 존재한다. 만일 충동이 의식적 과정들로부터 생겨나는 것이 아니라면, 무의식적인 과정들로부터 발생할 것이다. 하지만 이것은 무의식적 과정들이 행동을 하도록 명령한다는 것을 의미하지는 않는다. 다행스럽게도, 이미 경험을 통해서 잘 알고 있듯이, 우리는 전적으로 충동에 의해서 행위하지 않기 때문이다.

2장의 논의를 마칠 때, 나는 리벳의 추론을 번호가 매겨진 전제들과 결론으로 된 하나의 간결한 논증으로 재구성했다. 이번 장에서 다루었듯 [리벳의 실험보다] 훨씬 더 최근의 실험들이 자유의지의 존재를 위협한다고 믿는 사람들은 다음과 유사한 방식으로 추론을 할 것으로 보인다.

새로운 조류의 리벳류 실험 요약

1. fMRI와 심부 전극을 사용한 실험들의 참가자들은 버튼을 누르거나 키를 클릭하려는 의식적 결심을 하지 않는다.

(대신, 그들은 자신들의 결심을 의식하게 되기 전에 무의
식적으로 결심을 한다.)
2. 따라서 사람들은 뭔가를 하려는 의식적 결심을 결코 내리
는 것이 아닐 가능성이 매우 높다.
3. 행위는 오직 그 행위를 수행하려고 의식적으로 정한 결심
에서 나왔을 때만 자유로운 행위이다.
4. 결론: 자유로운 행위[즉 자유의지에 의한 행위]는 존재하
지 않을 가능성이 매우 높다.

리벳의 논증이 지니고 있는 주요한 문제점들이 여기에도 마
찬가지로 적용된다. 첫째, 과학자들이 탐지해 냈던 초기의 두
뇌 활동이 초기의 결심과 상관관계를 맺고 있다고 믿을 만한
좋은 이유가 없다.

둘째, 그냥 저절로 눌러야 할 버튼을 골라내거나 버튼을 누
를 특정 순간을 골라내는 것은 찬반양론을 깊이 따져서 나오
는 것으로 보이는 결심과는 너무 다르기 때문에 [실험을 통해
서] 발견된 것으로 여겨지는 결과를 모든 종류의 결심에까지
일반화시키는 것은 오류이다. [어느 버튼을 누를지 아니면 어
느 시점에 버튼을 누를지를] 저절로 골라내는 상황 속에서 일
어나는 일은, 우리가 무엇을 할지 결정하기 전에 찬반양론을
저울질하는 데 긴 시간과 노력을 들이는 상황 속에서 일어나
는 일과는 아주 다르다.

세 번째, 전제 3을 둘러싼 철학적 논점은 변한 바가 없다. 내가 2장에서 설명했던 것 그대로이다.[11]

11 이미 리벳의 논증을 비판하면서 지적한 사항이다. (1) 의식적인 숙고와 추론이 선행되고 이것이 행위를 야기하는 결심으로 나아간 경우에, 결심이 이루어진 시점과 그러한 결심을 의식하게 되는 시점 사이에 몇백 밀리초 정도의 시간 차가 있다는 사실이 해당 행위가 의식적인 결심으로부터 나온 것이 아니며 무의식적인 결심에 의해서 인과적으로 야기되었다는 것을 논리적으로 함축하지 않는다. (2) 리벳류의 실험은 실험참여자들이 실제로 무의식적으로 결심을 했다는 것을 입증하지 않는다. 특정한 두뇌 영역의 활동이 증가하는 사건이 결심을 의식하기 전에 일어났다고 해도, 이 사실 자체가 그러한 두뇌 활동의 증가가 무의식적 결심의 발생을 일으키기에 충분한 원인이라는 것을 논리적으로 함축하지 않는다. 전제 3은 의식적 결심이 이루어지지 않았다는 전제1과 결합해서만 결론을 뒷받침할 수 있으며, 전제 1이 부정될 수 있기 때문에 애당초 전제 3 자체가 심각한 논쟁거리가 되지 않는다.

Chapter 4

우리의 행위는 모두
무의식적으로 이루어지는가?

: 자동적 행위에 대한 심리학의 실험

자유의지에 대한 문제 제기가 신경과학에서만 이루어지는 것은 아니다. 인간의 두뇌가 아니라 인간의 행동에 더 초점을 맞추고 있는 과학 분야에서도 자유의지에 대한 문제가 제기되고 있다. 이제 행동 연구를 바탕으로 자유의지에 대해 이루어지고 있는 주요한 도전을 다룰 때가 되었다. 이러한 도전은 분명 흥미롭다. 그리고 앞으로 보게 될 것처럼 이들 중 일부는 우리를 아주 심란하게 만든다.

사회 심리학자 대니얼 웨그너Daniel Wegner는 "의식적 의지라는 환상The Illusion of Conscious Will"이라는 제목의 책을 썼다. 이 책의 주요한 주장들 중 하나는 의식적 의도가 그에 상응하는 행위를 야기하는 원인들 중 하나가 결코 아니라는 것이다. 웨그너는 이러한 주장이 자유의지의 존재를 배격한다고 간주한다. 결국, 만일 무엇인가를 하려는 의식적 의도가 그것을 할지 말지에 아무런 영향도 주지 않는다면, 우리가 하는 것은 우리에게 달려있지 않은 것처럼 보일 것이다. 그리고 만일 우리가 하는 것이 결코 우리에게 달려있지 않다면, 도대체 어떻게 우리가 자유롭게 행위할 수 있는지 이해하기 어렵다.

나는 "원인들 중among the causes"이라고 말했다. 이 말은 아마도 명확하지 않을 수도 있으니, 내가 이 말을 통해서 의도하는 바가 무엇인지 설명하겠다. 누군가가 이 책을 구입하려는 의식적인 의도가 원인이 되어서 책을 구입하게 되었다고 말한다고 가정하자. 이 진술은 다음을 시사하는 것 같다. 이 사람의 의도는 책을 구입하는 행위의 유일한 원인the only cause이다. 그러나 물론 이 사람의 의도를 야기한 원인들을 포함해서 다른 원인들도 있었다. (책을 구입하려는 의도는 사전에 아무것도 없이 갑자기 튀어나오지 않으며, 그 역시 원인을 갖는다.) 나는 다음과 같은 가정을 한다. 이 사람의 의도를 야기한 원인들 역시 그 의도가 원인으로서 야기한 것[여기서는 책을 구입하는 행위]의 (덜 직접적인) 원인들이다. 내가 "원인들 중"이라고 말하는 것은 이 점을 (비롯하여 몇 가지 추가적인 논점을) 받아들이기 위한 것이다. [이 사람의 의식적 의도가 책을 구입하는 행위의 원인들 중 하나였다고 말하는 대신] 나는 이 사람의 의식적 의도가 그가 이 책을 구입하게 된 한 원인(a cause)이었다고 말할 수도 있을 것이다. 당신이 '한 원인'을 '유일한 원인(the cause)'으로 읽지 않는 한, 내가 의미하려고 하는 바는 성공적으로 전달될 것이다.[1]

웨그너는 자유의지가 환상이라는 그의 주장을 뒷받침하기 위해서 두 종류의 논증을 사용한다. 한 가지는 내가 2장에서 다루었던 리벳의 실험에 기초한다. 다른 한 종류의 논증은 자동적 행위automatic actions에 관한 증거와 행위를 할 때 사람들이 범하는 일정한 종류의 실수에 관한 증거에 호소한다.

19세기 후반에 자동운동기록장치automatograph를 사용하여 이루어진 행위의 자동성automaticity에 대한 몇 가지 실험들을

---

1 특정한 행위를 하려는 의도가 해당 행위가 일어나게 된 직접적인 원인이라고 하더라도, 여전히 그러한 의도의 발생을 낳은 선행 원인들이 존재할 것이다. 따라서 어떤 행위에는 그 행위를 하려는 의도뿐 아니라 그 의도를 결과로 갖는 일련의 원인들의 연쇄가 선행한다. 본문의 사례를 생각해 보면, (편의상 행위자가 영이라는 사람이라고 가정하자) 영이가 밀리의 책을 구입하게 된 직접적인 원인은 그 책을 구입하려는 영이의 의도이지만, 영이의 이러한 의도는 자유의지에 대한 지식을 얻고 싶다는 영이의 욕구와 자신에게 그 책을 구입할 돈이 있다는 믿음 등과 같은 심적 상태들을 원인으로 가질 것이다. 다시 이러한 심적 상태들은 선행하는 다른 심적 상태들을 원인으로 가질 수 있다. 예를 들어, 자유의지에 대한 지식을 얻고 싶다는 영이의 욕구는 가끔씩 자신의 행동이 과연 자유롭게 이루어진 것인지 아니면 무의식의 조종일 뿐인지 알고 싶어 하는 영이의 호기심이 원인이 되어서 발생했을 수 있다. 저자는 이러한 요인들 모두가 영이가 책을 구입하는 행위의 원인들이라고 간주하며, 책을 구입하려는 영이의 의식적인 의도는 이러한 원인들 중 하나라고 말하는 것이다. 이러한 점에서 어떤 행위를 하려는 의식적인 의도가 그 행위의 유일한 원인은 아니다.

살펴보는 것으로 우리의 논의를 시작해 보자(Wegener 2002). 실험 참가자들은 자동운동기록장치 위에 배치된 유리판에 손을 올려놓았다. 이 유리판의 아주 미세한 움직임조차도 유리판과 연결된 장치에 의해서 감지되었다. 실험 참가자들 앞에는 차단막이 설치되어 있어서 기계에 의해서 기록되는 내용을 볼 수 없게 되어있다(그림 4-1을 보라).

당신이 이러한 장치에 손을 올려놓고 있다고 가정해 보자. 만일 내가 메트로놈metronome[2]을 작동시키고 당신에게 똑딱거리는 소리를 세라고 요구한다면, 스스로는 의식하지 못하지만 메트로놈이 내는 규칙적인 소리의 리듬에 맞춰서 미세하게 당신의 손이 움직일 것이다. 만일 내가 당신이 현재 있는 곳에서 가장 가까운 도로를 떠올리라고 요구한다면, 당신은

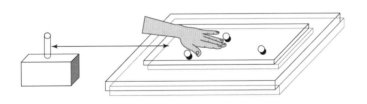

[4-1] **자동운동기록장치**

---

2 분당 일정한 횟수로 똑딱거리는 소리를 내도록 설정해서 박자를 세는 데 사용하는 장치.

무의식적으로 천천히 손을 그 도로가 있는 방향으로 움직일 것이다. 만일 내가 당신에게 사무실에 무엇인가를 숨겨놓도록 시키고 나서 숨겨놓은 물건에 대해서 생각해 보라고 요구한다면, 스스로는 알아차리지 못하겠지만 당신의 손은 물건이 있는 방향으로 아주 천천히 움직일 것이다. 내가 당신에게 손을 움직였냐고 물었을 때 움직이지 않았다고 당신이 대답한다면, 사람들이 때때로 의식하지도 못하고 의식적으로 의도하지도 않은 행위를 수행한다는 증거를 얻게 된다. 이런 종류의 증거는 의식적인 근접 의도가 결코 그에 상응하는 행위의 원인들 중 하나가 아니라는 웨그너의 논증의 주요한 근거역할을 한다.

웨그너는 추가적인 증거를 제시한다. '촉진된 의사소통 facilitated communication'이라고 불리는 기술은 심각한 자폐증이나 뇌성마비와 같은 질환으로 의사소통 장애가 있는 사람들을 돕기 위해서 고안되었다. [이 기술을 사용할 수 있도록] 훈련된 촉진자facilitators는 이러한 사람들을 의뢰인으로 받아서 이들이 문장을 타이핑하기 위해서 누르려고 애를 쓰는 키보드의 키를 누를 수 있게 놓는 역할을 했다. 촉진자는 의뢰인의 움직임을 조종하지 않도록 되어 있었다. 촉진자의 일은 그저 의뢰인을 돕는 것이었다. 많은 촉진자들이 바로 이러한 일을 하려고 의도했으며 이것이 자신들이 하고 있는 일의 전부라고 믿었다. 하지만 이 촉진자들은 스스로 알아차리지 못한 채 의뢰인이 어떤 키를 누르고 그 결과 어떤 문장을 타이핑하게 되는지를 실제로 조종하고 있었다는 사실이 밝혀졌다. 많은 사례에서 타이핑된 내용이 담고 있는 정보는 사실 의뢰인이 아니라 촉진자만 알고 있는 것이었다. 키보드를 통해서 타이핑된 문장들을 실제로 쓴 사람은 촉진자였다. 이것은 사람들이 스스로 알아차리지 못한 채 의식적으로 그렇게 행위하고자 의도하지 않고서 행위를 수행한다는 것을 보여주는 또 다른 사례에 해당한다.

웨그너는 또한 19세기에 유행했던 '탁자 돌리기table turn-ing'라고 불리는 심령 현상[3]에 대해서도 논의한다. 사람들이 둘러 모여서 탁자 위에 손을 올려놓고, 영혼에게 탁자를 움직여 달라고 기원하면, 때때로 탁자가 실제로 움직였다. 물론 탁자를 움직인 것은 사람들이었지만, 이들은 자신들이 탁자를 움직이려는 의식적 의도 없이 자신들도 모르게 탁자를 움직이고 있다는 사실을 깨닫지 못했다.

웨그너의 책은 임상 영역에서 발견되는 현상을 기술한다. 전두엽에서 발생하는 일정한 종류의 손상은 '사용 행동utilization

---

3 한국식으로 말하자면 분신사바 정도에 해당할 것이다. 여러 명이 손으로 같은 펜을 잡고 귀신에게 펜을 움직이도록 빌어서 메시지를 적도록 하는 의식 같은 것이다. 탁자 돌리기의 경우는 탁자 주변의 사람들이 돌아가면서 알파벳 문자를 하나씩 말할 때 탁자가 움직이는 방향을 통해서 문자를 골라 문장을 구성하는 방식을 취한다.

behavior'이라고 불리는 것을 야기한다. 만일 당신에게 이러한 장애가 있고 누군가가 빈 잔과 물 주전자를 당신의 손으로 만지게 한다면, 당신은 [자신이 무엇을 하는지 의식하지 않고] 자동적으로 그 잔에 물을 부을 것이다. 만일 내가 안경을 당신의 손으로 만지게 하면, 당신은 [자동적으로] 안경을 쓸 것이다. 그리고 만일 [그 상태에서] 당신에게 또 다른 안경을 만지게 한다면, 당신은 지금 쓰고 있는 안경 위에 새로운 안경을 겹쳐 쓸 것이다. 웨그너는 이러한 경우에 우리가 의도를 우회하는 경로를 통해서 행위에 도달하게 된다고 제안한다. 즉 이때 일어나는 것은 자극에 대한 일종의 자동적인 반응이다. 이것은 자동운동기록장치를 사용한 실험에서 일어나는 일과 유사하다. 이런 실험들에서는 메트로놈의 똑딱 소리, 가장 가까운 도로에 대해서 생각하라는 요구, 당신이 숨겨놓은 물건을 떠올리라는 요구가 [자동적인 반응 행동을 유발하는] 자극에 해당한다.

어떻게 웨그너는 이러한 증거들로부터 의식적인 의도가 결코 그에 상응하는 행위의 원인들 중 하나가 아니라는 결론을 이끌어 내는 것일까? 그는 다음과 같은 모 아니면 도all-or-nothing의 입장을 취한다.

이것이 아니면 저것이어야 한다. 일상적인 삶을 구성하는 인과적인 과정 속에서 일반적으로 일어나는 것은 의식적인 행위이며 자동적인 행위는 이에 반하는 예외적인 경우이다. 그게 아니라면 우리는 모든 것을 아주 극단적으로 뒤집어서 다음과 같이 생각해야만 한다. 의지의 자각을 동반하면서 일어나는 행동은 모종의 예외적인 경우이며, 행위 이면에서 작동하는 보다 기초적인 체계가 낳은 부산물에 불과하다(Wegner 2002, p. 144).

만일 이것이 아니면 저것이어야만 한다는 게 옳다면, 모든 행위는 동일한 기초적인 방식에 따라서 인과적으로 야기되어야만 한다. 따라서 만일 일부의 행위가 의식적인 의도가 아니라 자동적인 기제mechanism에 의해서 산출된다면, 모든 행동이 그러한 자동적 기제에 의해서 일어나는 것이다.

나는 기꺼이 다음과 같은 사실을 받아들일 수 있다. 자동운동기록장치에서 탐지되는 손의 움직임, 촉진자에 의해서 통제되는 행위들을 비롯한 다른 다양한 행위들은 이러한 행위를 수행하려는 의식적인 의도가 원인이 되어서 일어나는 것이 아니다. 하지만 모든 행위가 인과적으로 야기되는 방식이 기본적으로 동일하다는 주장은 받아들일 수 없다. 나는 의식적인 의도가 때로는 그에 상응하는 행위의 원인들 중 하나라는 것을 지지하는 증거에 대해서 논의한 후에 이 문제로 다시 돌아올 것이다.

수행 의도implementation intention에 대한 일군의 중요한 연

구가 있다. 여기서 수행 의도는 어떤 것을 특정한 장소와 시간 또는 특정한 상황하에서 하고자 하는 의도를 말한다. 다음과 같은 예들이 있다. 한 실험에서는, 실험 참가자들이 모두 다음 달 내로 유방 자가검진breast self-examination[4]을 실시하기를 원하는 여성들이었다. 이 여성들은 두 그룹으로 나뉘었다. 두 그룹 사이에는 오직 앞으로 무엇을 해야 하는지 지시받은 것에서만 차이가 있었다. 한 그룹은 실험 중에 다음 달 유방 자가검진을 실시할 장소와 시간을 정하도록 지시받았고, 다른 그룹은 그러한 지시를 받지 않았다. 전자의 그룹은 실험이 끝나기 전에 그들이 정한 시간과 장소를 적어서 제출하였다. 명백하게, 이들은 자신이 무엇을 적고 있는지를 의식하고 있었다. 그들에게는 **의식적인**conscious 수행 의도가 있었다.

인상적인 결과가 나왔다. 수행 의도 형성의 지시를 받은 모든 여성들은 다음 달에 유방 자가검진을 완료했고, 그중 오직 한 명을 제외한 나머지 모두는 자신이 미리 정해놓은 시간과 장소에서 검진을 수행했다. 하지만 다른 그룹의 여성들 중에서는 53퍼센트만이 다음 달에 유방 자가검진을 실시하였다.[5]

---

4 유방에 혹이나 형태 변형 등이 있는지를 스스로 만져서 검사하는 방법.
5 완전히 확실한 증명은 될 수 없지만 상당히 개연성이 높은 설명은 두 그룹간의 차이가 유방 자가검진 실시 비율의 차이를 낳은 원인이 되었다는 것이다. 즉 전자 그룹의 구성원들만 다음 달 특정 시간과 장소에 유방 자가검진을 실시하려는 수행 의도를 형성하였고, 이러한 수행 의도가 실제로 다음 달에

다른 실험에서 실험 참가자들은 격렬한 운동이 주는 이점에 대해서 들었다. 앞서 설명한 실험과 마찬가지로 이 실험에서도 참가자들은 두 그룹으로 나뉜다. 한 그룹은 실험 중에 다음 주 20분 동안 운동을 할 시간과 장소를 정하도록 요구받았고, 다른 그룹은 이러한 지시를 받지 않았다. 수행 의도를 형성한 전자 그룹의 구성원 중 91퍼센트라는 압도적인 다수가 다음 주에 운동을 했다. 이에 비해서 후자의 그룹은 오직 39퍼센트만 운동을 하였다.

세 번째 실험에서 실험 참가자들은 약물 중독을 치료 중인 사람들로 조만간 직장을 구해야 할 처지에 놓여있었다. 그들 모두는 실험 당일까지 이력서를 작성하도록 되어있었다. 한 그룹의 사람들은 아침에 그날 중으로 이력서를 쓸 시간과 장소를 정하도록 요구받았다. 다른 그룹은 당일 아침에 점심을

유방 자가검진을 실시하도록 만든 원인의 역할을 했다. 그리고 후자 그룹의 절반 정도가 자가검진을 하지 않은 이유는 수행 의도의 부재 때문이라고 설명할 수 있다. 실제로 유방 자가검진을 실시한 53퍼센트 여성들의 경우에는 두 가지 가능성이 존재한다. 첫 번째, 이들은 실험 중에 명시적으로 수행 의도를 형성하도록 지시받지는 않았지만 개인적으로 자가검진 실시 전에 수행 의도를 형성했고, 이 때문에 검진을 실시하게 되었다. 두 번째, 이들은 수행 의도 없이 다른 원인 때문에 검진을 실시했다. 만일 두 번째 가능성이 실제로 일어났다면, 수행 의도가 자가검진 실시의 원인이라는 설명의 개연성은 예상보다 더 낮을 것이다. 물론 두 번째 가능성이 실제로 일어났다는 증거는 없으며, 오히려 첫 번째 가능성을 참으로 보는 것이 더 단순하고 나은 설명으로 보인다. 본문에서 이어지는 두 번째와 세 번째 실험에 대해서도 같은 분석이 가능하다.

먹을 시간과 장소를 정하도록 요구받았다. 두 번째 그룹의 사람들 중 어느 누구도 당일까지 이력서를 작성하지 않았지만, 첫 번째 그룹에 속하는 80퍼센트의 사람들은 이력서를 작성하였다.

나는 당신에게 단지 세 개의 사례만을 제시하였다. (이 세 사례들 모두는 피터 골비처Peter Gollwitzer가 1999년에 게재한 아주 유용한 논문에서 검토되었다.) 2006년에 게재된 피터 골비처와 패스컬 시런Paschal Sheeran의 논평 논문[6] 보고에 의하면, 수행 의도에 관한 94개의 독립적인 테스트들이 수행 의도가 행동에 현저한 영향을 미쳤음을 보여주었다. 오늘날 [즉 저자가 이 책을 쓰고 있었던 2014년] 이 수치는 훨씬 더 높다.

뭔가를 하려는 수행 의도를 의식적으로 형성하는 것은 그것을 행동으로 옮길 확률을 높여준다. 유방 자가검진 실험을 예로 들어보자. 대조군control group[7]의 모든 여성들은 유방 검진을 실시하려는 일정한 동기를 갖고 있었으며 그들 중 다수는 실험 당시에 다음 달에 검진을 하려고 의도했다. 하지만 이러한 의도는 특정한 시간에 특정한 장소에서 자가검진을

6　논평 논문review article은 어떤 학술적 주제에 대하여 현재까지의 연구성과를 통해서 알려진 바를 정리하고 평가하는 논문을 말한다.

7　수행 의도를 의식적으로 형성하도록 지시받지 않은 집단. 이 실험에서 실험군은 수행 의도를 의식적으로 형성하라는 지시를 받는 여성 집단이다.

하려는 의식적인 결정 없이 형성되었다. [자가검진을 하려는 의도는 분명히 있었지만] 이들 중 오직 53퍼센트만이 자가검진을 실시한 반면, 수행 의도를 형성하도록 지시받은 모든 여성들은 자가검진을 실시했다. 이렇게 두드러진 차이를 고려할 때, 수행 의도가 중요한 인과적 역할을 담당했다는 것을 거부하기는 어렵다. 하지만 수행 의도들이 **의식적** 의도라는 사실이 어떻게 중요성을 갖게 되는 것일까? 무의식적인 수행 의도들도 이와 동등하게 원인 역할을 할 수 있지 않을까?

무의식적인 수행 의도가 의식적 수행 의도와 마찬가지로 작동한다는 가설을 검증하기 위해서는 어떤 종류의 실험을 할 수 있을까? 실험 설계자들은 무의식적인 수행 의도를 유발시키고 나서 그러한 의도가 의식적인 수행 의도와 같은 방식으로 작동하는지 아닌지를 확인하는 방법을 찾아내야만 할 것이다. 또한 실험 설계자들은 자신들이 무의식적인 수행 의도를 유발시키는 데 성공했는지의 여부를 어떻게 알 수 있을까? 만일 그들이 유방 자가검진과 같은 상황에서 무의식적 수행 의도를 유발시키려고 노력했을 때 그들의 연구 대상인 여성들[즉 무의식적 수행 의도를 형성하도록 유도된 여성들로 이루어진 실험군]이 대조군보다 현저하게 더 나은 수행을 보였다는 사실을 발견하게 되었다면, 이것은 [실험군에 속하는 여성들의 마음속에] 수행 의도를 유발시키는 데 성공했음을 보여주는 증거가 될 것이다. 그리고 만일 실험 설계자들이 [유방 자가검진을 실제로 수행했던] 실험 참여자들에게 유방 자가검진을 실시할 시간과 장소에 대한 구체적인 계획을 갖고 있었는지의 여부를 물었을 때 실험 참가자들이 그렇지 않다고 답한다면, 이는 그 사람들이 그러한 의도[즉 특정한 시간에 특정한 장소에서 유방 자가검진을 하려는 수행 의도]를 의식하고 있지 않았음을 가리킨다. 수행 의도가 유발되었지만 실험 참가자들이 이러한 의도에 대해서 의식하지 못했다는 것을 지지하는 증거들을 제공해 주는 실험을 설계하는 것은 정말 어려운 과제일 것이다. 이 논점에 대한 나의 태도는 간단하다. "보게 되면 그때 믿어주겠다."[8]

어쨌든 우리는 어떻게 의식적인 수행 의도가 작동하는지는 잘 이해하고 있다. 충분히 개연적인 설명은 앞서 언급한 세 개의 실험에서 실험 참가자들이 (적합한 시점에) [과제 수행] 이전에 [자신들이 형성했다고] 의식적으로 보고했던 의도를 의식적으로 기억한다는 것이다. 그리고 그러한 의도를 의식적으로 기억한다는 사실은 그들이 실제로 그들의 의도에 따라 행위하고 유방 검진을 실시하거나, 정해진 방식에 따라서 운동을 하고 이력서를 쓰게 될 가능성을 높여준다. 의식적인

8　즉 이러한 조건을 만족하는 실험이 실제로 수행되어서 해당 증거를 직접 보게 되기 전까지는, 무의식적인 수행 의도를 유발시킬 수 있고 이러한 무의식적인 수행 의도가 의식적인 수행 의도와 마찬가지의 효과를 갖는다는 가능성을 믿지 않을 것이다.

기억은 확실히 나의 경우에도 [해야 할 일을 제때 수행하는 데] 도움을 주었다. 하려고 의도한 것을 망각하는 것은 내가 종종 겪는 문제이다.

혹자는 의식적인 의도 자체가 아니라 의식적인 수행 의도와 상관관계를 갖는 신경사건이 [실제로 행위를 낳는] 인과적인 역할을 수행한다고 주장할지도 모르겠다. 이 주장의 요점은 무의식적인 의도가 [행위를 낳는] 역할을 담당한다는 것이 아니다. 오히려, [그러한 역할을 담당하는 것은] 의식적인 수행 의도와 연관되어 있는 신경화학적 사건neurochemical event 이라는 것이다.

여기서 이러한 논점은 형이상학적인 문제에 해당하며, 과학자들이 아니라 실재의 본성에 대한 깊이 있는 철학적 문제들을 다루는 데 전문적인 이들의 문제이다. 적절하지 못한 어떤 시점에 당신은 자신에게도 너무 멍청하게 들리는 나머지 얼굴을 붉히게 하는 말을 함으로써 스스로를 당혹스럽게 만들 수 있다. 혹자는 그러한 당혹감과 얼굴이 붉어짐을 인과적으로 야기한 것은 청각적 사건과 상관관계를 맺고 있는 신경사건이지, 당신이 스스로가 한 말을 듣는 [의식적인] 사건이 아니라고 말할 것이다. 이 사람은 또한 당신의 당혹감 자체는 얼굴이 붉어진 원인이 아니며 실제로는 당신의 당혹감과 상관관계를 맺고 있는 신경사건이 얼굴이 붉어지게 한 원인이라고 말할 수도 있다. 이것은 형이상학적 논쟁점이다. 만일 과학자들이 당혹스러운 느낌을 그와 상관관계를 맺고 있는 신경사건과 분리할 수 없으며 이 둘 중 하나가 다른 쪽이 없이도 나타날 경우 어떤 일이 일어나는지를 파악할 수 없다면, 과학자들은 이 둘 중 어느 쪽이 인과적 역할을 담당하는지를 검증할 방도가 없다.[9]

이제까지의 논의를 정리할 시간이다. 웨그너가 제안하는 생각 중 하나는 [어떤 행위를 하는 데에 행위주체가] 자유의지를 지니기 위해서는 다음이 성립해야 한다는 것이다. [해당 행위를 하고자 하는 행위주체의] 의식적인 의도가 존재하며

---

9 이전에 상관관계에 대해서 말한 바를 일단 상기해 보고 나서 다음을 생각해 보자. 우리가 자신의 말소리를 듣는 것과 같은 특정한 유형의 경험을 할 때는 언제나 특정한 유형의 신경사건이 두뇌 속에서 일어난다. 그 역도 마찬가지이다. 이 경우에 두 사건은 동일한 사건인지, 아니면 다른 사건인지가 문제가 된다. 그리고 양자가 별개의 사건이라고 할 경우에는 어느 쪽이 당혹감을 느끼는 사건이나 얼굴이 붉어짐과 같은 사건의 원인 역할을 하는지 역시 문제가 된다. 원칙적으로 특정 유형의 심적 사건이 특정 유형의 물리적 사건과 상관관계를 맺으며 발생한다는 것 자체는 양자가 동일한 유형의 사건임을 입증하기에 충분하지 않다. 사건 유형 간의 동일성이나 개별 사건들 간의 동일성을 판별하는 기준이 무엇인지, 어떤 사건이 다른 사건의 원인이 되기에 충분하다고 볼 수 있는 조건이 무엇인지는 개념적인 문제이다. 이런 문제들은 형이상학과 심리철학 분야에서 오랫동안 논의되어 왔으며, 단순히 과학자들이 발견하거나 수집한 경험적 자료 자체만으로는 그 답이 결정되지 않는다. 이 점에서 저자는 형이상학적 문제를 이야기하는 것이다. 여기서 저자의 요점은 이 문제가 형이상학적인 문제이기 때문에 과학적인 근거만으로는 의식적인 수행 의도가 원인 역할을 담당하지 못한다는 어떤 결론도 도출할 수 없다는 것이다. 이에 대한 대답은 앞으로 심리철학과 형이상학의 논의를 통해서 우리가 어떤 확실한 결론을 얻을 수 있는지에 달려있다.

이러한 의식적 의도가 그에 상응하는 행위[즉 실제로 행위주체가 한 행위]의 원인들 중 하나에 속한다. 그리고 그가 제안하는 또 다른 생각은 의식적 의도가 결코 실제로 행위의 원인이 되지 않으며, 그 대신에 무의식적인 기제가 원인 역할을 한다는 것이다. 이 두 번째 생각은 다음과 같은 두 개의 주요 부분들로 나뉜다. 첫째, 우리의 행위들 중 일부는 의식적인 의도가 원인이 되어서 일어나지 않는다. 둘째, 모든 행위들은 기본적으로 동일한 방식에 의해서 인과적으로 야기된다. 이 두 부분의 결합은 다음과 같은 결론을 낳는다. 의식적인 의도는 결코 그에 상응하는 행위의 원인들 중 하나가 아니다.

이 논증은 다음과 같이 나타낼 수 있다.

웨그너의 자동성 논증 요약

1. 인간의 행위들 중 일부는 부분적으로조차 의식적인 의도가 원인이 되어서 일어나는 것이 아니다. (그리고 동일한 주장이 의식적 의도와 상관관계를 맺는 신경사건에도 적용된다. 인간의 행위들 중 일부는 그러한 신경사건이 원인이 되어서 일어나는 경우가 아니다.)
2. 인간의 모든 행위는 기본적으로 동일한 방식에 따라서 인과적으로 야기된다.
3. (1과 2로부터) 따라서 어떤 인간의 행위도 부분적으로조차 의식적인 의도가 원인이 되어 일어나지 않는다. (그리고 동

일한 주장이 의식적 의도와 상관관계를 맺는 신경사건에 대해서도
적용된다.)

4. 의식적인 의도가 (또는 그러한 의도와 상관관계를 맺는 신경사
   건이)[10] 일부의 경우라도 그에 상응하는 행위의 원인들 중
   하나가 되지 않는다면, 인간에게 자유의지는 없다.

5. (3과 4로부터) 그러므로 인간에게 자유의지는 없다.

이 논증은 설득력이 없다. 첫째, 왜 모든 행위가 동일한 방식
에 따라서 인과적으로 야기되어야만 하는가? 숨겨놓은 물건
이 있는 방향 또는 생각하고 있는 도로가 있는 방향으로 알아
차리지 못한 채 손이 움직이는 것과 의도적으로 오전 8시에
호텔 방을 나서는 것 사이에는 커다란 차이가 있다. [전자와
같은] 손의 움직임은 어떤 의식적인 계획도 필수요소로 동반
하지 않겠지만, 방을 떠나고자 하는 나의 결심은 회의실로 가
는 최적의 경로와 회의실까지 가는 데 걸리는 시간에 대한 정
보를 의식적으로 수집하는 과정을 거친 후에 일어난다.[11] 둘

10 앞서 저자가 지적한 형이상학적 문제 때문에 괄호 속에 신경사건이 원인이
   되는 경우를 이야기하게 된다. 만일 이러한 신경사건이 의식적 의도와 독립적
   으로 행위를 낳기에 충분한 원인이라면 자유의지가 위협받을 소지가 존재하
   지만, 이러한 경우가 실제로 있다는 어떤 과학적인 증거도 없다는 것이 저자의
   주장이다. 앞서 지적했듯이 과학자들은 아직 의식적인 의도와 신경사건을
   분리해낸 바가 없기 때문이다.

11 이 논점은 리벳 또는 리벳류의 실험에 대해서 저자가 이미 제기했던 주요한

째로, 나는 의식적인 의도가 [행위를 낳는 데 기여한다는 의미에서] 효과를 발휘하는 경우들이 존재한다는 것을 지지하는 증거, 즉 의식적인 의도가 의도된 행위를 낳는다는 것을 지지하는 증거에 대해서 서술한 바 있다.[12] 만일 의식적인 의도가 (또는 그러한 의도와 상관관계를 맺는 신경사건이) 때때로 그에 상응하는 행위의 원인들 중 하나라고 한다면, 자유의지에 대한 웨그너의 위협은 사라지게 될 것이다.

웨그너는 자신이 자유의지에 **필수적**necessary이라고 간주하는 일이 **결코** 발생하지 **않는다고** 말한다. 그리고 나는 이러한 필수적인 것이 때때로 일어난다고 말하고 있다. 즉 의식적인 의도가 (또는 그와 상관관계를 맺는 신경사건이) 때때로 그에 상응하는 행위의 원인들 중 하나가 된다는 것이다. 의식적인 의도가 결코 인간 행위의 원인들 중 하나가 아니라는 웨그너의 주장은 매우 대담한 것이다. 이 주장은 인간이 여태까지 수행해 온 행위 모두를 아우른다. 하지만 그가 이 주장을 뒷받침

비판들 중 하나와 다르지 않다. 과학적 실험은 오직 특수한 종류의 행위(의식적인 계획 없이 무의식적, 자동적으로 일어나는 행위)에 대한 경험적 자료를 제공할 뿐이며, 설사 이러한 행위에 대한 정확한 해석이 주어진다고 하더라도 그러한 해석이 다른 종류의 행위, 특히 의식적이고 계획적이며 숙고를 동반하는 행위에도 적용된다는 어떤 보장도 없다.

12 의식적인 수행 의도가 실제로 의도된 행위의 수행을 발생시키는 원인이 된다는 해석을 가능하게 해주는 세 가지 실험들(유방 자가검진하기, 격렬한 운동하기, 이력서 쓰기)을 말한다.

하기 위해서 내세우는 것은 리벳의 실험 자료와 주변부의 예외적인 경우들로부터 수집된 증거이다. 게다가 이러한 근거들은 인간의 모든 행위가 기본적으로 동일한 방식으로 일어난다는 매우 논쟁의 소지가 큰 주장과 결합되어 있다. (이런 주장은 다음을 의미한다. [자동운동기록장치 실험에서 보았던 무의식적인 손의 움직임과 같은] 주변부의 예외적인 행위들과 리벳 실험에서의 손목의 구부림과 같은 행위가 그 원인들 중에 의식적 의도를 포함하지 않는다면, 인간의 어떤 행위도 의식적 의도를 원인으로 갖지 않는다.) 인간의 **어떤** 행위들은 의식적인 의도가 (또는 그러한 의도들과 상관관계를 맺는 신경사건이) 원인 중 하나가 되어 일어난다는 나의 주장은 [웨그너의] 주장보다는 훨씬 덜 대담하다. 그리고 나는 이런 주장을 직접적인 관련이 있는 강력한 증거, 즉 의식적인 수행 의도에 관한 증거를 통해서 뒷받침하였다. 생각해 보라. 나와 웨그너 중에서 누가 더 굳건한 근거 위에 서 있는가?

Chapter 5

상황이 우리의 행동을
결정하는가?

: 사회심리학의 상황주의적 실험

신경과학자 마이클 가자니가Michael Gazzaniga는 다음과 같이 말한다. "우리가 우리의 행위를 설명하려고 나열하는 것들은 모두가 사후적post hoc 설명일 뿐이며, 무의식적인 과정에 대한 접근 없이 이루어지는 사후적 관찰을 통해 이러한 설명이 이루어진다"(Gazzaniga 2011, p. 77).[1] "누가 책임을 지는가?: 자유의지와 두뇌의 과학Who's in Charge? Free Will and the Science of the Brain"이라는 제목의 책에 나오는 이러한 진술은 이전 장

---

1 즉 행동이 이루어지기 전이나 행동이 수행되고 있는 중에 발생하는 일련의 무의식적 과정들에 대한 관찰 없이, 행동이 다 이루어지고 난 이후에 관찰된 것만을 바탕으로 행위를 설명하게 된다.

들에서 내가 논의해 왔던 종류의 신경과학 실험에서 출발해서 이번 장에서 내가 탐구할 사회심리학 실험으로 넘어갈 수 있도록 양자를 연결하는 교량 역할을 한다. [가자니가의 진술은] 자유의지와 무슨 관련이 있을까? 만일 지금 막 하려는 행위를 왜 하게 되는지를 모른다면, 우리가 하는 행위란 실제로는 결코 우리에게 달려있지 않은 것으로 보일 것이다. 그리고 만일 우리가 하는 것이 결코 우리에게 달려있지 않다면, 우리는 자유롭게 행위하는 것이 아니다. 이러한 결론은 아주 분명해 보인다. 하지만 가자니가의 말이 옳을까?

나는 뮌헨에서 열리는 학술 콘퍼런스에 참석하려고 탑승한 비행기 안에서 가자니가의 책을 읽었다. 철학 교수를 콘퍼런스에 초대하는 사람들이 일등석 값을 지불하는 경우는 극히 드물고 이때도 예외는 없었다. 나는 다리를 뻗을 수 있는 여유 공간이 있는 비행기 좌석을 좋아한다. 그래서 공항으로 가는 버스 티켓을 구매한 직후에 항공사 웹사이트를 검색해서 비상구가 나있는 열의 좌석을 확인해 보았다. 우선 복도 쪽 좌석을 확인하고 나서 다음에는 창가 쪽 좌석을 확인했다. 만일 원하는 좌석을 찾게 되면, 나는 그 좌석을 바로 예매해 버릴 것이다. 나는 이 모든 것을 의식적으로 수행했다. (비상구가 있는 열의 좌석들을 무의식적으로 찾아보는 방법은 알지 못한다. 컴퓨터 프로그램은 그렇게 할 수 있겠지만 말이다.) 그리고 내가 이러한 행위를 한 것은 장시간 비행을 할 때는 다리를 뻗을 여유 공간이 있는 좌석을 의식적으로 선호하기 때문이다. 또한 나를 초청한 콘퍼런스 주최자가 기꺼이 지불할 만큼의 액수를 초과하지 않고 다리를 뻗을 여유 공간이 있는 좌석을 어떻게 구하는지 (의식적으로) 알고 있기 때문이다. 만일 누군가가 내게 왜 그 좌석을 선택했는지 이유를 묻는다면, 나는 내가 좌석을 선택할 때 의식적으로 선호하는 것이 무엇인지 등을 말해줌으로써 꽤 괜찮은 설명을 할 수 있을 것이다. 나의 설명은 내가 원했던 것이 무엇이고 내가 그 좌석을 선택하기 전과 선택을 하는 도중에 생각하고 있던 것이 무엇인지에 대한 일련의 사실에 기초하여 이루어질 것이다. 즉 나의 설명은 내가 좌석을 선택한 **後에** 이루어진 관찰에 의존하지 않을 것이다.

왜 가자니가는 우리의 심적인 삶mental life [즉 마음속에서 일어나는 의식적인 과정들]을 헐값에 매도해 버리는 것일까? 부분적인 이유는 그가 자신이 논의하는 실험들 중 일부에 지나치게 경도되었기 때문이다. 그 실험들이란 벤저민 리벳이 했던 유명한 실험들과 춘샹순Chun Siong Soon과 그의 동료들이 했던, 보다 최근의 작업들을 말하는데, 당신은 이전 장들에서 이것들에 관해 읽었던 것을 기억할 것이다.[2]

---

2 리벳의 실험은 2장의 주된 논의 대상이었다. 그리고 3장 초반부에서 과학 작가 영스테드가 인용하고 있는 fMRI를 사용하여 이루어진 실험이 순Soon과 동료들의 연구(Soon et al. 2008)에 해당한다.

독자들은 [3장에서 읽었던] 다음의 내용을 상기할 수 있을 것이다. [fMRI를 사용하여 감지된] 혈류의 양을 통해서 측정한 두뇌 활동을 기초로 순과 동료들은 피실험자가 왼쪽 버튼과 오른쪽 버튼 중에서 어느 쪽을 누를지를 약 10초 전에 60퍼센트의 정확도를 갖고 예측할 수 있었다. 피실험자들은 어느 쪽 버튼을 누를지를 결심한 후에 버튼을 눌러야 했다. 그들은 자신들의 결정이 이제까지 어느 쪽 버튼을 눌러 왔는지와 무관하게 이루어져야 한다는 것을 숙지한 상태에서 같은 일을 여러 번 반복했다.

지금 쟁점이 되고 있는 초기의 두뇌 활동이 가리키는 것은 무엇인가? 내가 [3장에서 이미 설명했듯이] 아마도 특정한 버튼을 누르는 쪽으로 기울어진 무의식적 편향을 나타내는 데 지나지 않을 것이다. 어떤 경우든지, 한쪽 버튼[을 누르는 것]을 다른 쪽 버튼[을 누르는 것]보다 더 선호할 이유는 없다. 따라서 만일 실험 참가자에게 왜 이번에는 왼쪽 버튼을 눌렀냐고 묻는다면, 그는 다음과 같이 대답할 수밖에 없을 것이다. "나는 그냥 무작위로 선택했을 뿐이에요. 왜냐하면 그게 당신이 지시한 것이니까요." 이 실험에서는 어느 쪽 버튼을 누를지를 의식적으로 숙고할 여지가 전혀 없기 때문에, 특정 버튼을 눌러야 할 의식적인 이유를 통해서 버튼 누르기를 설명할 여지도 없다. 이와 동일한 일반적 논점이 리벳의 연구들에도 적용된다. 리벳의 실험 참가자들은 손목 구부리기를 시작할 한 시점을 임의적으로 골라낸다.

비상구가 있는 쪽 열의 좌석을 고를 때는 상황이 매우 다르다. 나는 내가 평범한 이코노미 좌석보다는 앞서 말한 조건을 만족하는 좌석을 골라야 할 이유가 있다는 것, 그것도 좋은 이유가 있다는 것을 안다. 그리고 그것을 알기 때문에, 나는 의식적으로 인터넷을 통해 비상구가 있는 쪽 열의 잔여 좌석을 찾는다. 그나저나, 내가 말해준 것을 전제로 하면, 당신은 거의 100퍼센트 정확도로 다음에 내가 장시간 비행을 위해 이코노미석을 구매할 때 무엇을 하려고 노력할지를 예측할 수 있다.[3] 당신은 단지 내가 쓴 내용에 의식적으로 주의를 기울이는 것만으로 이 정도의 정확성을 확보할 수 있는 것이다.

사후적 설명에 대한 가자니가의 진술이, 이전에 논의했던 신경과학 실험을 넘어서 진지하게 주목할 만한 가치가 있는 사회심리학 실험으로 나아갈 수 있게 해주는 교량 역할을 한다고 설명했다. 이제 그 교량을 건너서 도달하게 되는 맞은편에 무엇이 있는지 살펴볼 때가 되었다.

이제 우리의 행위가 의식적인 이유가 아닌 다른 것들에 강하게 영향을 받는다는 강력한 증거를 제공하는 것으로 여겨지는 실험들을 다루려고 한다. 가자니가는 다른 각도에서 이

---

3 당연히 비상구가 있는 쪽 열에서 발을 뻗을 여유 공간이 있는 이코노미 좌석을 찾을 것이라고 예측할 수 있다.

사안에 접근한다.⁴ 이렇게 [의식적인 이유가 아닌] 다른 것들이 행위 발생에 주는 영향이 자유의지가 환상이라는 주장을 참으로 만드는지의 여부가 앞으로 탐구할 문제이다. 우선 이러한 실험 중 일부에 대해서 설명할 필요가 있는데, 세 개의 고전적인 연구들에 초점을 맞추기로 했다.

1964년 뉴욕시에서 일어난 충격적인 사건은 방관자bystanders의 행동에 대한 유명한 연구가 탄생하는 배경이 되었다. 신문

---

4 5장의 서두에서 보았듯이 가자니가는 보통 사람들이 자신들의 행위를 설명할 때 전적으로 사후적 관찰에 의존한다는 입장을 바탕으로, 그가 인용하는 신경과학과 심리학의 실험들을 해석하고 이를 통해 자유의지를 공격하는 쪽으로 나아간다. 신경과학의 실험이 자유의지가 환상임을 입증하지 못한다는 비판은 이미 저자가 2장과 3장에서 제기한 바 있다. 신경과학의 실험은 행위자에게 왜 그런 행위를 했는지 이유를 묻는 것이 아니라 행위자의 두뇌 속에서 어떤 일이 일어났는지에 초점을 맞춘다. 반면 4장에서 다루었던 자동적 행위에 관한 심리학 실험은 행위자가 자신이 수행한 행위를 의식적으로 의도하지 않았다는 사실에 초점을 맞춘다. 무의식적인 기제나 과정이 행위의 원인이라는 주장이 이로부터 제기되었다. 저자는 이 역시 비판한 바 있다. 5장에서 다루는 실험들은 주어진 상황이 사람들의 행위를 통제하며 무의식적인 원인이 된다는 과학자들의 해석의 근거가 된다. 우리가 스스로의 행위를 설명하기 위해서 내놓는 이유는 오직 사후적으로 만들어져 덧씌워진 것일 뿐이라는 가자니가의 주장은 우리가 행위의 이전과 그 과정에서는 행위의 실제 원인 또는 이유를 의식할 수 없다는 전제 위에서 성립한다. 가자니가는 이러한 전제를 뒷받침하는 근거로 신경과학과 심리학의 실험들을 인용한다. 이 점에서 가자니가의 논의는 신경과학과 심리학의 실험 양자를 연결하는 교량 역할을 한다. 가자니가는 서로 다른 두 영역에서 나온 실험 결과에 대해 공통의 해석을 내놓은 것이다. 즉 그것이 신경학적인 것이든 아니면 자동적 기제이든, 상황의 통제이든 행위자가 행위 이전이나 행위 중에는 의식적으로 알 수 없는 어떤 무의식적인 원인이 행위를 낳는다는 것이다.

기사에 의하면 키티 제노비스Kitty Genovese가 이른 아침에 칼에 찔리는 장면을 목격한 많은 사람들 중 어느 누구도 공격을 막으려 시도하지 않았을 뿐 아니라 경찰에 신고하지도 않았다.

제노비스의 살인사건이 계기가 되어 존 달리John Darley와 빕 라타네Bibb Latané가 수행한 1968년 연구에서, 실험 참가자들은 대학생의 삶을 사는 것과 연관된 개인적인 문제에 대해서 진술하게 되었다. 이들 각자는 방 안에 혼자 있었으며, 마이크로폰을 통해서 다른 참가자에게 이야기를 한다고 생각했다. 실험 참가자들은 자신이 다른 참가자들 중 몇 명에게 이야기를 한다고 믿는지에 따라서 세 그룹으로 나뉘었다. 단 한 명의 사람에게만 이야기를 한다고 믿는 사람들은 그룹 A, 두 명의 사람에게 이야기를 한다고 믿는 사람들은 그룹 B, 다섯 명의 사람에게 이야기를 한다고 믿는 사람들은 그룹 C로 분류되었다. 사실, 실험 참가자들이 듣는 목소리는 녹음된 것이었다. 참가자들은 한 사람이 이야기하는 동안 다른 사람들이 말하는 것은 들리지 않도록 마이크로폰을 설정해 놓았다고 들었다. [각 실험 참가자가 대학 생활의 문제를 이야기하는 중] 어느 시점에 참가자는 (이 실험에서 '피해자'로 명명된) 누군가가 자신에게 발작이 일어날 것 같다고 말하는 것을 듣게 된다. 피해자는 도움을 요청하고, 약간 중얼거리다가, 자신이 죽을까 봐 두렵다고 말하는 등 계속해서 이야기를 한다. 피해자가 이야기를 시작한 지 125초가 지나면, 숨이 막혀서 고통스러워하는 소리를 마지막으로 피해자의 목소리는 갑자기 끊긴다.

실험 참가자들 중에서 피해자의 목소리가 끊어지기 전에 자신들이 있던 칸막이를 벗어나 피해자를 도우려고 한 사람들의 비율은 [그룹별로] 다음과 같다. 그룹 A: 85퍼센트, 그룹 B: 62퍼센트, 그룹 C: 31퍼센트. 게다가 그룹 A에 속한 모든 실험 참가자들은 [목소리가 끊어진 후에] 결국에는 응급 상황이 발생했다고 알렸지만, 그에 반해서 그룹 C의 경우에는 62퍼센트의 참가자들만이 같은 행위를 했을 뿐이다. 명백히, 얼마나 많은 다른 사람들이 피해자의 목소리를 들을 수 있었는지(그룹 A는 자신 말고는 아무도 없고, 그룹 B는 한 명, 그룹 C는 네 명)에 대한 실험 참가자들의 믿음이 그들의 행동에 영향을 끼쳤다. 그렇다고 하더라도, [실험 참가자 자신 말고도] 한 명이나 네 명의 다른 사람이 피해자를 도울 수 있는 상황이었다는 사실 자체가 [그 실험 참가자가 피해자를] 돕지 않아도 될 이유가 되는 것처럼 보이지는 않는다.

다음 연구인 필립 짐바르도Philip Zimbardo의 스탠퍼드 감옥 실험Stanford prison experiment은 수감 생활에 관한 실험에 자원할 남성 대학생들을 모집한다는 신문 광고를 게재하는 것으로 시작된다(Haney et al. 1973). 수감자들로 선정된 자원자들은 자신들의 집에서 체포되어 수갑이 채워지고, 수색을 받은 후에 경찰차에 태워져서 팰로앨토Palo Alto의 경찰서로 이동했다. 지문을 채취당하고 유치장에 구치된 이후, 이들은 차를 통해 스탠퍼드의 심리학과 건물 지하에 만들어진 가짜 감옥으로 이송되었다. 수감자들이 감옥에 도착하면 옷을 벗기고 몸에 데오드란트deodorant를 뿌렸다. 그다음엔 죄수복을 입히고 사진을 찍고, 감방에 수감했다. 감옥에는 세 개의 작은 감방들이 있었는데 모두 면적이 6피트×9피트[약 1.8미터×2.7미터]였으며, 총 열 명의 죄수들이 수용되었다. 그리고 감옥에는 아주 작은 독방이 하나 있었다. 또한 감옥에는 간수로 선정된 자원자들을 위한 방들이 있었다. 자원자들 대부분의 감옥 활동은 여기저기 숨겨진 카메라에 의해서 비디오로 녹화되었다. 감옥 곳곳에 은폐된 마이크로폰을 통해서 이들의 대화 역시 들을 수 있었다.

실험은 2주 동안 진행되었다. 수감자들은 매일 24시간 내내 감옥 안에 있었다. 간수들은 하루 8시간 교대 근무를 섰으며 업무가 종료되면 집으로 퇴근했다. 수감자들은 하루 세끼 단조로운 구성의 식사를 했으며 동일하게 정해진 횟수만 간수의 감독하에 화장실에 갈 수 있었다. 수감자들은 또한 날마다 세 번 줄을 서서 점호를 받았으며 자신의 이름이 아닌 죄수복의 번호로만 불렸다. 죄수들은 매일 두 시간의 자유시간을 허락받았으며 자유시간이 박탈되는 경우가 아니라면 이 동안에는 편지를 쓰거나 책을 읽을 수 있었다. 죄수들은 화장실 청소와 같은 잡일 역시 해야만 했다. 자유시간 동안에 나눈 대화 내용의 90%가 죄수 생활에 관한 것이었다는 점은 흥미로운 사실이다.

짐바르도와 동료들은 다음과 같이 보고했다. "다섯 명의 죄수들은 … 극단적인 정서적 우울, 절규, 분노, 극심한 불안 증세 때문에 [조기] 석방되어야만 했다"(Haney et al. 1973, p. 81). 실험을 2주 동안 진행하기로 되어 있었지만, 짐바르도는 6일 만에 종료해야만 했다. 한 죄수는 실험 시작 36시간 만에 석방되어야만 했는데 "극단적인 우울증, 혼란스러운 생각, 통제 불가능한 절규와 분노 폭발" 때문이었다(Zimbardo et al. 1973). 다른 한 수감자에게는 심인성 발진psychosomatic rash[5]이 생겼다.

간수들 중 몇 사람은 수감자들을 괴롭히는 사람으로 변했고, 이러한 괴롭힘에 동참하지 않은 사람들은 괴롭힘이 계속되도록 방치했다. 이러한 가혹 행위는 매일 늘어갔다. 점호는 처음에 10분 걸렸지만, 나중에는 몇 시간 동안이나 이루어졌다. 간수들이 죄수들을 호명하면서 그 수를 세는 동안, 죄수들은 자신들을 향한 간수들의 비하적 태도를 따라서 서로를 비하하는 발언을 하도록 부추겨졌다. 욕설과 협박이 심해졌

---

5 심리적인 원인으로 인해서 발생하는 신체적인 증상을 '심인성'이라고 부르며 스탠퍼드 감옥 실험의 경우에 이 수감자가 수감 생활 때문에 얻게 된 스트레스와 같은 심리적 요소가 원인이 되서 갖게 된 증상이 발진이었다는 의미이다.

으며, 무의미하거나 모욕적인 작업을 하라는 간수들의 요구 역시 심해졌다. 때때로 간수들은 죄수들이 맨손으로 변기를 닦도록 했다.

무의미한 작업 중에는 상자들을 한쪽 벽장에서 다른 쪽 벽장으로 그리고 그 반대로 왔다 갔다 옮기는 일과, 간수들이 수풀 속에서 질질 끌고 다닌 담요에 붙은 가시들을 집어서 제거하는 일도 있었다. 죄수들은 때로는 간수들에게 밟힌 상태에서 팔굽혀펴기를 해야만 했다. 간수들은 한밤중에 죄수들을 깨우기도 했다. 또한 종종 죄수들에게 예정되어 있던 자유 시간을 단순히 재미를 위해서 박탈해 버리거나 아무런 타당한 이유도 없이 죄수들을 독방에 가두기도 했다. 이 독방은 높이가 7피트[약 2미터]이고 가로와 세로가 2피트[약 60센티미터]인 자그마한 벽장이었다. 오후 10시에 독방 문을 잠그고 나면, 독방 수감자는 화장실 대용으로 양동이를 사용해야만 했다. 실험 이틀째에 죄수들은 시위를 벌였다. 간수들은 소화기를 죄수들에게 뿌렸고, 옷을 벗긴 뒤 시위의 주동자를 독방에 가두었다.

간수들은 죄수들 사이의 분열을 조장하기 위해서 '특권' 감방을 만들었다. 행실이 좋은 죄수들은 이 감방을 사용할 수 있었고 거기서 좀 더 나아진 식사를 포함하여 더 좋은 대우를 받았다. 죄수들에게 혼란을 주기 위해서, 간수들은 행실이 더 나빠 보이는 죄수에게도 이 특권 감옥을 제공해 주었다. 간수들의 일부는 심지어 가학성 변태성욕자처럼 되어버렸다. 물론 짐바르도는 [감옥 실험의 상황이] 죄수들에게 미치는 영향뿐만 아니라 간수들에게 미치는 영향에도 관심을 갖고 있었다.

주어진 상황이 주는 부정적인 영향은 죄수들과 간수들 양쪽에서 나타났다. 간수들은 세 개의 그룹으로 분열되었다. 일부는 엄하지만 공정했고, 다른 일부는 죄수들에게 약간의 편의를 제공해 주는 착한 사람들이었다. 그리고 약 삼분의 일 정도는 죄수들에게 적대적으로 행동하고 학대를 일삼았다. 실험을 맡은 진행자들 중 어느 누구도 실험에 참가한 대학생들 중 누가 권력 지향적인 간수가 될지 미리 예측하는 테스트를 수행하지 않았다. 어떤 간수들은 실험이 예정보다 일찍 끝난 것에 실망했다. 이들은 자신들이 얻게 된 권력을 만끽했다.

죄수들 중 한 사람은 몸이 아파서 석방을 원했다. 그는 [감방이 아닌 별도의 방에서] 짐바르도(이 실험에서 그는 감옥 관리 소장 역할을 맡았다)와 성직자 한 명과 이야기를 나누는 동안 병적인 흥분 상태에 빠져서 울어댔다. 이 죄수에게 음식을 가져다주기 위해서 짐바르도가 방을 나선 후, 다른 죄수들은 이 사람이 나쁜 죄수라고 구호를 외쳐대기 시작했다. 이 죄수가 [방 안에서도] 이러한 구호 소리를 들을 수 있다는 사실을 깨달은 짐바르도는 방 안으로 뛰어들어 갔다. [그 이후에 벌어진 일을] 그는 다음과 같이 서술하고 있다.

나는 [감옥 밖으로] 나가자고 제안했지만, 그는 거부했다. 그는 눈물을 흘리면서 다른 죄수들이 자신에게 나쁜 죄수라는 오명을 씌웠기 때문에 나갈 수 없다고 말했다. 그는 몸이 아픈 상태였음에도 불구하고 감방으로 돌아가서 자신이 나쁜 죄수가 아님을 입증하기를 원했다. 이 지경에 이르자 나는 말했다. "잘 들어요. 당신은 819번이 아니에요. 당신은 ○○○(해당 죄수의 이름)이고, 내 이름은 짐바르도 박사입니다. 나는 심리학자이지, 감옥 관리소장이 아니에요. 그리고 이건 진짜 감옥이 아닙니다. 이건 단지 실험일 뿐이고, 저 사람들은 당신과 마찬가지로 학생들이지 죄수들이 아닙니다. 자 이제 갑시다." 그는 갑자기 울음을 멈추고, 악몽에서 깨어난 왜소한 어린아이처럼 나를 올려다보고서는 대답했다. "좋아요. 갑시다."(Zimbardo n.d.)

불행에 빠진 이 젊은 남성에 대한 일화는 실험 참가자들이 얼마나 깊이 자신들의 역할에 빠져들어 있었는지를 아주 잘 드러내 준다.

이제 나는 스탠리 밀그램Stanley Milgram의 유명한 복종 실험을 다루고자 한다. 이 실험에 대한 이야기는 1963년에 발표된 그의 보고서에서 시작된다. 밀그램은 왜 사람들이 자기 혼자서는 스스로 하지 않을 끔찍한 일들을 수행하라는 명령에 복종하는지를 이해하고 싶었다. 수용소에서 일했던 많은 나

치 군인들이 이러한 문제에 해당되는 사례가 될 것이다.[6]

20세에서 50세 사이의 연령대와 다양한 사회적 신분을 가진 40명의 남성들이 밀그램의 실험에 참가했다. 이들은 처벌이 기억과 어떤 연관성을 맺고 있는지를 탐구하는 실험에 참가하게 될 것이라는 말을 들었다. 처음에 실험 참가자 각각은 실험 수행자(사실 이 사람은 실험 수행자 역할을 연기하는 고등학교 교사이다)와 그의 동료[7]를 만났다. 참가자 각각은 이 두 사람이 모자 속의 종이로 된 제비를 뽑아서 참가자들 중 누가 선생을 맡고 누가 학생을 맡을지 무작위로 결정하게 될 것이라고 듣는다. 사실 이 실험에서 참가자들은 항상 선생 역할을 맡게 되어있었다. 참가자들은 가상의 이야기를 하나 듣고 나

---

6 유명한 정치철학자 한나 아렌트Hannah Arendt는 유대인 학살에 가담했던 악명 높은 나치 돌격대 지도자인 아이히만을 연구해《예루살렘의 아이히만》을 펴냈다. 그 책에서 아렌트가 '악의 평범성the banality of evil'이라는 말로 표현했듯이, 제2차 세계대전 때 평상시 행적으로 보면 지극히 평범하고 정상적으로 보이는 사람들이 조직 내의 상급자의 명령에 복종하여 학살이나 고문과 같은 반인권적 행위를 거리낌 없이 수행하는 사례들이 발생했다. 이 사례들은 제2차 세계대전 직후 사람들에게 큰 충격을 주었다. 물론 아이히만과 같은 돌격대 지도자가 아렌트가 생각한 것처럼 정말 평범한 사람이었는지는 논쟁의 여지가 크다. 아렌트와 달리 심리학자들은 아이히만과 같은 특수한 사례 하나가 아니라 평범함을 보다 더 신뢰할 수 있는 다수의 실험 참가자들을 대상으로 했다. 주어진 상황으로 인해 개인이 일상에서는 결코 행하지 않을 가혹행위를 자발적으로 수행하게 된다는 것을 보여주려 했다고 볼 수 있다.

7 이 사람 역시 공모자일 뿐 실제 심리학자는 아니다.

서 실험이 진행되는 동안 학생이 앉게 될 전기의자를 보게 된다. 전기의자에 앉아 있는 동안 학생이 오답을 말하는 경우 선생으로부터 전기 충격을 받도록 되어있었다. 선생은 학생이 전기의자에 끈으로 묶이는 것을 지켜보고 나서 이 끈은 학생이 전기 충격을 받게 되는 동안 지나친 움직임을 일으키는 것을 막아줄 것이라는 말을 들었다. 이제 선생은 다른 방으로 이동하는데 이 방에서는 더 이상 학생을 볼 수 없었다. 밀그램의 보고에 의하면, 극소수의 예외적인 경우를 제외하고는, 실험 참가자들은 이 꾸며진 설정이 진짜라고 믿었다. (당연히 이런 상황은 진짜가 아니다. 실제로는 어떠한 전기 충격도 이루어지지 않았다.)

실험 참가자들은 죽 나열된 30개의 레버를 보게 되는데, 각 레버는 서로 다른 정도의 전기 충격을 일으킨다. 가장 낮은 수준의 충격은 가장 처음 오답이 나왔을 때 학생에게 가해지고, 그다음으로 약한 충격은 두 번째로 오답이 나왔을 때를 가해지며, 이런 식으로 계속된다. [즉 점차적으로 강해지는 서른 개의 전기 충격의 정도와 오답의 누적된 횟수가 대응되어 있었다.] 레버들은 그룹이 지어서 있었는데(주로 네 개의 그룹으로 되어있었다) 그룹별로 꼬리표가 붙어 있었다. 가장 약한 충격에서 시작해서 가장 강한 충격으로 나아가는 레버들의 열의 중간쯤에는 "강한 충격"이라는 꼬리표가 있었고, 좀 더 지나면 "극단적인 강도의 충격", "위험: 심각한 정도의 충격"

을 지나서 마지막에는 "XXX"라는 꼬리표가 있었다.

학생은 버튼을 눌러서 질문에 답을 했다. 실험이 진행되던 중 한 시점(학생이 20번째의 충격을 받고 난 후)이 되면 학생은 주먹으로 벽을 쳐댔으며 그 시점 이후부터 학생은 더 이상 어떤 질문에도 답하지 않았다. 20번째의 전기 충격은 "강한 충격" 단계에 속하는 레버들 중 네 번째 레버를 작동시킴으로써 전달되는 충격이었다. 충격의 단계는 전압의 수치를 나타내는 꼬리표를 통해서도 표시되었다. [20번째의 전기 충격을 일으킨] 그 레버에는 "300볼트"라는 꼬리표가 붙어있었다. 학생에게 전기 충격을 가하기 전에, 선생은 이제 그가 학생에게 가하려 하는 충격이 지니는 전압 수치를 보고해야 했는데, 이 수치는 처음에는 15볼트에서 시작해서 마지막에는 450볼트까지 올라갔다. 실험을 시작할 때, [실험을 관리하는] 과학자는 선생에게 다음과 같이 말했다. "충격이 극심하게 고통스럽기는 하지만, 충격으로 인해서 어떤 영구적인 조직 손상도 일어나지 않습니다." 실험 참가자들[즉 선생 역할을 맡은 사람들]이 실험을 중단해야 하지 않겠느냐고 문제 제기를 하면, 과학자는 그들에게 "계속 진행해 주십시오."에서부터 "당신에게는 다른 선택지가 없습니다. 계속 진행하셔야만 합니다."까지 일련의 대답들을 들려주었다. 참가자가 끈질기게 실험 중단에 대해서 이야기할 경우에, 과학자는 실험을 계속하라는 단순한 요청에서 시작해서 결국에는 "선택지가 없습니다."라고 대답하는 데까지 나아갔다.

40명의 참가자들 중 26명이 가장 강한 전기 충격을 학생에게 가하는 단계까지 나아갔다. (선생들은 대답이 없는 것도 오답을 제시한 것으로 간주된다는 지시를 들었다.) 참가자들 중 어느 누구도 20번째 전기 충격을 가하기 전까지는 전기 충격을 주는 행위를 멈추지 않았다. 이 중 5명은 20번째 전기 충격을 가한 직후에 [학생의 격한 반응을 보고서] 더 이상 전기 충격을 가하는 것을 그만두었다. 참가자들 중 4명은 [20번째 충격이 주어진 후] 그다음의 충격을 가한 다음에 실험을 그만두었다. 이 [21번째의] 전기 충격은 "극단적인 강도의 충격"이라는 꼬리표가 붙은 레버들 중 첫 번째 레버에 의해서 전달되는 충격이었으며, 학생이 답을 말하지 않는 것에 대응해서 처음으로 가하게 되는 충격이었다. 다른 4명의 참가자들은 [21번째 충격을 가한 다음에도] 약간 더 실험을 진행하다가 그만두었다.

밀그램의 보고에 의하면 선생들은 극심한 긴장, 긴장성 폭소nervous laughter,[8] 경련, 말 더듬기, 땀 흘리기 등의 증상을

---

8 긴장성 폭소는 놀람, 당혹감, 스트레스, 긴장, 혼란, 불안 등과 같은 부정적인 심리 상태에 대한 신체적 반응으로 일어나는 웃음이다. 신경과학자 라마찬드란에 의하면 긴장성 폭소는 끔찍한 상황에 직면한 사람이 그 상황이 보이는 것만큼 끔찍하지 않다는 생각을 하거나, 아니면 그렇게 믿고 싶을 때 일어나는 반응이라고 한다("nervous laughter"에 대한 영문 위키피디아 참고. en.wikipedia.org/wiki/Nervous_laughter).

나타냈다. 그리고 그들이 실험 중단에 대해서 이야기할 때, 실험을 수행하는 과학자의 침착한 대답이 [그들의 증상을 진정시키는] 효과를 발휘했다. "실험을 위해서는 당신이 계속해야 합니다."나 "당신이 계속 진행하는 것이 실험을 위해서 절대적으로 필요합니다."와 같은 대답들 말이다. 만일 실험 참가자가 자신에게는 선택지가 없다는 대답을 들은 후에 실험을 계속 진행하기를 거부한다면, 실험은 종료되고 참가자는 실험이 실제로 어떤 것이었는지에 대한 설명을 듣게 되었다. "선택지가 없다."라는 실험 수행자의 대답은 [계속 진행하라는 대답에서 시작하여 참가자가 실험 중단을 이야기할 때마다 단계적으로 주어지도록] 정해진 네 개의 대답들 중에서 가장 마지막 대답에 해당했다.

밀그램은 위와 같은 실험의 여러 가지 변형된 형태들을 실시했다. 앞의 실험과는 다른 추가적인 변형 실험에 대해 간략하게 설명하는 것이 유용할 것이다. '목소리-피드백Voice-Feedback' 실험(Milgram 1974에서의 실험 2번)에서, 선생은 이제 학생이 말하는 것을 들을 수 있다. 학생은 75볼트의 전기 충격과 그보다 약간 더 나중에 가해지는 전기 충격들에 반응하여 살짝 앓는 소리grunt를 낸다. "적당한moderate"이라는 꼬리표가 붙은 120볼트의 충격이 가해지면 학생은 소리를 치면서 충격이 고통스럽다고 말한다. 다음번의 충격 이후에 학생은 긴 신음소리groan를 내며, 이 충격 다음으로 가해지는 충격(열 번째 충격에 해당한다)을 받고 나서는 더 이상 실험을 계속하지 않겠다고 말한다. 이러한 학생의 반응은 이후에 추가적으로 몇 번의 충격이 가해지는 동안 점점 그 정도가 심해진다. 충격이 180볼트에 이르게 되면, 학생은 더 이상 고통을 참을 수 없다고 비명을 지른다. 270볼트의 충격이 가해질 때까지 학생은 고통에 몸부림치면서 계속 비명을 지르고, 절망에 빠진 상태로 더 이상 답을 말하지 않겠다고 소리친다. 그리고 학생은 이어지는 충격에 대해서도 같은 반응을 반복한다. 이어지는 모든 충격에 대해서 그는 극심한 고통 속에서 비명을 지른다. 40명의 실험 참가자들 중 25명이 가장 강한 마지막 전기 충격까지 모든 전기 충격을 학생에게 가했다. 그리고 이 실험에 속하는 시행 중 한 번은 학생이 150볼트, 195볼트, 330볼트의 전기 충격이 있을 때 자신이 심장질환이 있다는 점을 지적했는데, 실험 결과는 앞의 실험과 다르지 않았다. 40명의 선생들 중 26명이 끝까지 실험을 진행했다.

두 개의 다른 형태의 실험에서, 선생은 학생과 훨씬 가까운 위치에 있었으며, 다른 모든 것은 첫 번째 실험과 매우 유사했다. (학생의 살짝 앓는 소리, 긴 신음소리 등과 같은 단계적인 반응들이 같았다.) 이 중 한 실험(Milgram 1974의 실험 3번인 "근접 Proximity" 실험)에서, 선생은 단지 약 1.5 피트 정도[약 46센티미터]만 학생에게서 떨어져 있었고 학생에게 일어나는 일을 분명하게 볼 수 있었다. 다른 한 실험(Milgram 1974의 4번

실험인 "직접 건드리는 근접Touch-Proximity" 실험)에서는 전기의자에 앉은 학생이 전류를 전달하는 판 위에 놓은 자신의 손을 빼내서 전기 충격을 피할 수 있었고, 선생은 전기 충격을 가하기 위해 강제로 학생이 다시 손을 판 위에 놓도록 해야만 했다. "근접" 실험에서는 40명 중 16명이 실험을 끝까지 계속했다. "직접 건드리는 근접" 실험에서는 40명 중 12명이 끝까지 진행했다.

[이상과 같은 심리학 실험들을 비롯해서] 내가 앞서 서술했던 상황주의적인 발견the situationist findings [9]은 [여기서 내가 서술하지 않은] (다른 많은 연관된 연구들의 발견과 더불어) 분명 흥미를 불러일으킨다. 이러한 발견들이 무엇을 의미한다고 이해해야 할까? 비관적인 관점에 의하면, 우리는 우리의 행동에 대해서 거의 통제력을 발휘하지 못한다. 인간의 행동이란 대부분 우리 자신이 처해 있는 상황과 그 상황이 우리에게 작용하는 무의식적이고 자동적인 행위-유발 과정의 영향에 떠밀려서 이루어진다. 비관주의자가 세계를 보는 관점에 따르면, 의식적인 반성은 우리의 행위를 일정한 방향으로 이끌어 나가는 데 아무런 역할도 하지 않는다.

나는 비관주의자가 아니다. 내가 왜 비관주의를 받아들이

---

9 여기서 '상황주의'라는 것은 인간의 행위(여기서는 실험 참여자인 선생들의 행위)가 주어진 상황의 영향을 받아서 이루어진다는 입장을 말한다.

지 않는지에 대한 설명은 다음과 같은 일화로 시작한다.

2001년 9월 11일의 테러가 발생한 지 며칠이 지나서 내 친구가 말했다. "그런 일은 결코 다시는 일어나지 않을 거야." 자신이 보기에, 사람들은 이날 무슨 일이 일어났는지에 대해 배우게 될 것이고, 그 결과 승객들로 가득한 비행기는 [앞으로 비행기 납치를 시도하는 테러범과의] 싸움 없이 추락하지는 않을 거라고 친구는 설명했다. 비행기 승객들은 [테러범들에게] 대항할 것이고, 적들을 진압할 거라는 말이었다. 내 친구의 이러한 생각은 낙관적인 전망과 희망을 갖게 해주었다. (이 생각은 유나이티드 항공 United Airlines 93편에 대한 뉴스[10]에서 부분적으로 영감을 얻은 것이다. 이 항공의 승객들과 승무원들은 앞서 발생한 비행기 충돌에 대해서 들은 후, 끔찍한 종말을 맞게 될 자신들의 비행기에 대한 통제를 되찾으려고 시도했다.)

상업적으로 운용되는 민항 항공기의 '승객'의 역할이 무엇인지는 아주 잘 정의되어 있다. 승객들은 좌석에 착석해서 안전벨트를 매고, 일어나도 된다는 허락이 있기 전까지는 그 자

---

10 유나이티드 항공 93편 비행기는 9·11 테러의 일환으로 알카에다의 테러리스트들이 장악한 항공기였다. 승무원들과 승객들은 테러범들이 탈취한 다른 항공기들이 이미 미국 건물을 공격하는 데 이용되었다는 소식을 듣고 자신들의 비행기도 테러에 이용될 것임을 깨달았다. 이들은 비행기를 조종하고 있는 테러범들로부터 비행기를 되찾으려고 노력했다. 이 과정에서 비행기는 테러범들의 목적지에 도달하지 못한 채 추락했다. 그 결과 테러범들과 승무원들, 승객들 모두가 사망했다.

리에 머물러 있어야 한다. 또한 항공기 운행을 방해할 수 있는 행위는 자제하고, 일반적으로 말하자면, 항공기 승무원들의 지시에 따라야 한다. 대부분의 경우 어떤 분란이 일어난다면 승객들은 승무원들이 분란을 해결해 줄 것으로 기대한다. 이러한 승객들의 상황이 필수적으로 동반하는 요소들은 내가 앞서 다루었던 세 개의 연구가 갖춘 요소들과 동일하다. 짐바르도의 연구에서 죄수들과 간수들은 일정한 역할을 맡는다. 비행기의 승객들도 마찬가지이다. 적절한 권위를 가진 사람의 지시를 따르는 것은 보통의 항공기 승객과 밀그램의 실험에 참가한 보통의 사람들이 공유하는 특징이다. 그리고 비행기에서 분란이 일어날 경우, 승객들이 거기에 간섭하지 않는다면 그건 놀랄 일이 아니다. 특히 그러한 비행기 내 분란은 승무원들이 처리할 것으로 기대되는 문제임을 고려하면 그렇다. 내가 앞서 다루었던 방관자 연구의 경우에, 실험 참가자들에게는 권위를 갖고 있는 사람, 즉 실험 수행자가 [피해자에게 일어난] 응급 상황을 인지하고 있다고 믿을 만한 어떤 이유도 없었다. 그러니 항공기 승객들이 분란에 개입하지 않는 것은 달리 특별하게 고려해야 할 요소가 없는 한 [방관자 실험에 비해서] 더 잘 예측 가능한 것으로 보일 것이다.[11]

11 항공기처럼 외부와 격리된 공간에서는 승무원이 질서 유지의 의무와 권한을 가진다. 그래서 응급환자가 발생하는 등의 상황이 발생하는지를 예의 주

만일 상황이 특정한 방향으로 행동하도록 추동하며 이 때문에 의식적으로 처리된 정보가 우리가 무엇을 하는지와는 관련이 없다면, 내 친구는 지나치게 낙관적이었다고 할 수 있다. 그러나 나의 마음은 친구의 생각에 동의하는 쪽으로 기울어져 있다. 만일 내가 2001년에 세계무역센터를 들이받았던 항공기의 승객들 중 한 명이 되는 끔찍한 불행에 처했다면, [비행기 납치와 관련하여 일어난 일련의 과정에] 개입하는 것을 자제하고 승무원들이 문제를 해결해 주기를 바랐을 가능성이 매우 높다. [그러나 유나이티드 항공 93편의 사건 등을 포함하여 실제로 일어났던 사건들을 통해서] 결과적으로 배우게 된 사실을 고려하면, 지금은 내가 [가만히 앉아서 승무원이 문제를 해결해주기를 바라는 것과는] 다른 식으로 반

시하고 신속하게 대응하여 문제를 처리할 것으로 기대된다. 따라서 비행기 내에서 분란이 있다면, 승객은 승무원이 이를 인지하고 있으며 처리할 것이라고 기대하고 이 때문에 문제에 개입하지 않고 가만히 있을 것이라는 점을 예측하기가 용이하다. 반면에 방관자 실험에서 실험 참가자들에게 알려진 실험의 목적은 단지 대학 생활에서 생기는 문제를 이야기하는 것뿐이다. 실험을 수행하는 권위자가 실험 참가자들에게 일어나는 비상사태까지 감독하고 그에 신속하게 대응하는 역할을 맡고 있다고 보기 어렵다. 따라서 방관자 실험의 참가자가 다른 참가자의 응급 상황을 인지했을 때, 실험 수행자가 이를 처리할 것이라고 예측하는 것은 비행기 승객의 경우에 비해서 개연성이 떨어진다. 다만 여기서 일차적으로 저자가 주목하는 것은 승객과 실험 참가자 사이의 공통점이다. 양자 모두 권위자의 지시를 따르게 되어있으며 그러한 상황 때문에 주변에서 발생하는 분란이나 응급 상황에 수동적으로 대응하는 경향이 생긴다는 것이다.

응했을 것이라고 예상한다. 만일 한두 명의 승객이 행동을 취했다면 다른 사람들도 이에 동참했을 것이라는 게 나의 예상이다.

이 마지막 발언[12]은 내가 낙관론을 통해서 어떻게 사태를 전망하는지를 보여준다. 행동 교육은 성장 과정의 초기에 시작된다. 부모는 갓 걸음마를 떼기 시작한 자신들의 아기에게 잠재적으로 해를 입힐 수 있는 충동들을 통제하도록 가르치고, [이러한 가르침은] 상당한 성공을 거둔다. 부모는 또한 부모의 권위에 대해 아이가 존경심을 갖도록 가르치고, 도덕 교육에도 관여한다. 이런 도덕 교육에는 자기 통제self-control를 하기 위해서 지켜야 할 지침에 대한 가르침도 포함되어 있다. 물론 부모들은 자신들에게 친숙한 것만을 가르칠 수 있다. 그리고 인간 행동에 영향을 미치는 요인들에 관해서 우리는 지금 수십 년 전보다 훨씬 더 많은 것을 알게 되었다. 내가 보기에, 이러한 지식은 단순히 아이들을 성장시키는 일에 그치지 않고 보다 선용되어야 한다.[13]

---

12 즉 실제 일어난 사건들을 통해서 배운 것을 바탕으로, 주어진 상황에 순응하는 것이 아니라 그와는 다르게 반응할 수 있을 것이라는 발언.

13 앞서 저자는 테러와 관련하여 사람들이 어떻게 반응했는지에 관한 지식을 얻을 경우, 같은 상황에 처할 때 그와는 다른 행위를 할 수 있을 것이라고 말했다. 저자에 따르면, 수십 년 동안 과학계에서 인간의 행동이 어떻게 주변 상황에 영향을 받는지에 대한 다양한 지식이 축적되었고, 이 지식을 활용한다면 이에 무지했을 경우와는 달리 더 나은 행위를 할 수 있을 것이다. 우

많은 사람들이 인간 행동에 대한 충격적인 '뉴스'를 흥미롭게 여긴다. 예를 들면, 신경과학자들이 자유의지가 환상임을 보였다고 주장하는 신문 기사 같은 것이 그렇다. 내가 서술했던 고전적인 상황주의 연구는 물론 이제는 더 이상 새로운 뉴스가 아니다. 하지만 이것들은 상황주의나 행위의 자동성에 대한 새로운 연구에서 계속 인용되고 있다. 이 모든 연구들에 관한 뉴스를 다시 풀어내는 한 가지 방법은 비관주의로 나아가는 것이다. 예를 들면, 응급 상황을 목격하는 그룹 중 한 명이 되는 것은 당신의 행동에 크나큰 영향을 미치며, 당신은 이에 대해서 어찌할 도리가 없다고 보는 것이다. 뉴스를 풀어내는 다른 방법은 그 정도까지 비관적으로 나아가지는 않는 것이다. 이제 방관자 효과에 대해서 알게 되었으니, 다음번에 응급 상황을 목격하는 그룹의 일원이 된다면 당신은 수동적인 태도를 유지하려는 경향성에 저항할 수 있는 더 나은 기회를 얻게 된 것이다. 여기서 우리는 동일한 연구 성과에 대한

리는 어린 시절부터 교육을 통해서 해로운 욕구를 통제하는 것을 비롯해서 여러 가지 도덕적 행위와 관련된 교육을 받는다. 이러한 교육에 인간 행동에 대한 지식을 활용할 수 있도록 가르치는 것을 포함시킨다면 아이들은 어려운 상황에서 보다 더 나은 행동을 할 수 있는 능력을 획득하게 될 것이다. 앎을 바탕으로 한 새로운 능력의 획득은 분명 새로운 행위의 선택지를 열어 준다. 낙관론은 이렇게 새로 얻게 된 더 나은 선택지를 선택하는 것이 가능해지면, 그러한 선택지를 따르는 쪽으로 사람들이 행위할 것이라는 긍정적 전망이라고 볼 수 있다.

아주 다른 두 관점이 있다는 것을 볼 수 있다.

자기 통제에 관한 수많은 자기 계발서가 시중에 나와 있다. 사람들은 보다 나은 삶을 살려는 목적으로 유혹에 저항하는 기술이나 유혹을 회피하는 기술을 공부한다. 이런 책들을 읽은 사람들은 자신들이 피하려는 것이 무엇인지 알고 있으며 (일시적인 폭식, 그칠 줄 모르고 내닫는 도박 행위, 과도한 음주 등 아주 다양한 것들이 이에 해당할 것이다), 이런 것을 피하는 방법을 배우려고 애쓴다. 해로운 행위의 원인이 우리 모두가 탐지할 수 있는 범위 밖에 있는 경우라면, 이에 대해서 할 수 있는 것은 많지 않다. 그러나 일단 나쁜 행위를 일으키는 원인과 해야 할 일을 하지 않게 만드는 원인이 밝혀지면, 우리의 행위가 개선될 전망은 더 밝아질 것이다.

방관자 효과에 대해서 교육받는 대중은 방관자 효과에 해당하는 행위를 덜 하게 될 것이다. 부적절하거나 과도한 권위에 대한 복종의 경우에도 마찬가지이다. 권위에 복종하는 것은 시민 사회의 유지를 위해서 중요하다. 이러한 복종이 유용하기 때문에 부모와 교사를 비롯한 사람들이 권위에 대한 복종을 사람들에게 주입시키고, 많은 사람들이 권위에 복종하는 습관을 갖게 된다. 하지만 우리는 또한 권위에 복종하는 것이 일으킬 수 있는 악에 대해서도 알고 있다. 밀그램의 연구는 평범한 독일 시민들이 [제2차 세계대전 중 독일군] 일반 사병으로 복무하면서 [유대인 학살과 같은] 만행을 저지르게 된 이유를 이해하고자 하는 욕구가 부분적인 동기가 되어 이루어졌다. 권위에 복종하는 것은 밀그램이 이 문제에 답하는 데 있어서 중요한 부분을 차지한다. 권위에 대한 복종의 공적인 요구는 그러한 복종의 적절한 한계에 대한 교육을 포함해야 한다. 밀그램은 다음과 같이 쓰고 있다. "성장하는 과정에서 평범한 개인은 공격적인 충동을 표현하는 데 주의하라고 배운다. 그러나 문화는 권위로 인해서 일어나는 행위를 내적으로 통제할 수 있는 능력을 심어주는 데 거의 전적으로 실패했다. 이러한 이유로, 문화는 인류의 생존에 훨씬 더 큰 위험 요소가 된다"(Milgram 1974, p. 147). 교육은 이러한 위험을 줄일 수 있다.

짐바르도의 연구 결과에 대해서 어떻게 말할 수 있을까? 그의 연구 결과는 감옥의 간수들을 훈련시키는 것과 관련하여 [간수들의 부적절한 행위를 막기 위해 무엇을 교육해야 하는지에 대해] 명백하게 함축하는 바가 있다. 또한 다른 사람들에게 발휘할 수 있는 상당한 권력을 부여받는 직업(예를 들면, 경찰관)을 가진 사람들에게까지 이런 함축이 확대 적용될 수 있다. 하지만 그의 연구 결과가 갖는 함의는 이보다도 더 멀리 확장된다. 우리가 주어진 시점에 어떤 역할(승객, 육군 일병, 학생 등)을 맡게 되든지 이런 역할 수행을 지속하는 것이 우리를 불리한 조건에 빠지게 만드는 상황들이 존재한다. 그와 같은 위험에 대한 인식은 적정한 시기가 왔을 때 우리가 이러한 역할에서 벗어나는 것을 덜 어렵게 만들어 줄 수 있다.

존 킬스트롬John Kihlstrom은 다음과 같이 보고한다. 그의 동료 사회심리학자들 중 일부는 "자동적 과정이 우리의 경험, 사고, 행위를 지배하며 이는 다른 모든 요인들의 영향을 사실상 완전히 배제해 버릴 정도라는 생각을 받아들이고 이를 전파하고 있다"(Kihlstrom 2002, p. 168). 그가 사태를 과장하고 있다고 하더라도, 심각한 과장은 아니다. 하지만 내가 4장에서 수행 의도에 대해서 이야기했던 것을 상기해 보라. 수행 의도에 대한 연구는 의식적인 의도(또는 의식적 의도와 상관관계를 맺고 있는 신경사건)가 [행위를 인과적으로 야기하는 데] 중요한 역할을 한다는 것을 보여주는 증거를 제공한다. 뉴욕타임스의 과학 전담 기자인 샌드라 블레이크슬리Sandra Blakeslee는 "세계를 탐구하고 탐구를 통해서 무엇을 얻을지를 결정하는 과정 속에서, 인간은 대부분의 시간 동안 [자신이 무엇을 하는지에 대한] 지각이 있는sentient 존재자라기보다는 좀비[14]에 더 가깝다."(Kihlstrom 2008, p. 163에서 인용됨)라고 말하지

---

14 여기서 좀비는 대중매체에서 등장하는 것처럼 시체에서 부활하여 살아 있는 사람들을 공격하는 괴물 같은 존재자를 말하는 것이 아니다. 사람처럼 의식과, 감각, 내적인 느낌을 가지고 있는 것처럼 보이지만 실제로는 의식도 없고 아무것도 느끼지 못하는 존재자를 말한다. 철학계(주로 심리철학)에서는 "철학적 좀비philosophical zombie"라는 용어를 써서 이러한 존재자에 대해서 논의한다.

만, 수행 의도에 대한 연구는 이러한 관점을 반박해 준다.

소크라테스, 플라톤, 아리스토텔레스와 같은 고대의 철학자들을 매혹시켰을 뿐 아니라 오늘날에도 활발한 연구 주제가 되어오고 있고 철학자들이 '의지박약weakness of will'이라고 부르는 현상에 해당하는 행위들이 있다. 밀그램이 자신이 관찰했던 과도한 복종 행위를 서술한 것의 일부는 의지박약을 드러내는 행위의 서술과 유사하다. "의지가 약한weak-willed" 행위들은 당신이 내린 더 나은 판단과 충돌하는 것으로, 피할 수 있는avoidable 행위들이다.[15] 이와 관련된 적절한 사례 중

---

15 여기서 '의지박약'으로 번역된 철학 용어 'weakness of will'은 원래 고전 그리스어 'akrasia'라는 단어에서 나온 것이다. 후자는 힘을 나타내는 'kratos' 앞에 부정어 'a'가 붙고, 어미가 명사형으로 바뀐 형태의 단어이다. 문자 자체로의 의미는 힘이 없다는 것이다. 고대의 아크라시아와 근현대의 의지박약의 개념은 사실 완전히 동일하지는 않지만 여기서 철학사적 문제를 고찰할 여유는 없다. 다만 여기서 의지박약은 다음을 의미하는 것으로 이해하면 된다. 일단 행위자는 A를 하지 않는 것이 더 낫다는 적절한 판단을 하며, 이 판단을 따라야 한다고 믿고 그렇게 하기를 원한다. 그러나 A를 함으로써 충족되는 욕구가 워낙 강해서, 행위자는 A를 하게 된다. 이 경우에 일상적인 용법으로도 우리는 행위자가 A를 하지 않으려는 자제력 또는 의지가 약하다고 말한다. 예를 들어, 내일 시험을 봐야 하는 철수는 좋은 성적을 얻고 싶어 하고 이를 위해서는 오늘 밤 시험공부를 해야만 한다고 판단하며, 그것이 자신을 위해서 최선의 선택이라고 믿는다. 즉 철수는 시험공부를 하고 싶어 한다. 그러나 철수는 비디오 게임을 하려는 강한 욕구와 공부를 하기 싫다는 욕구를 갖고 있다. 상식으로 보면 이 지점에서 의지가 개입한다. 더 나은 판단을 따르려는 의지가 강할 경우, 의지는 방해되는 욕구들을 억누르고 최선의 판단에 따라서 행위를 하도록 만든다. 자신의 판단과 공부를 하려는 욕구를 따르려는 철수의 의지가 충분히 강하다면 철수는 시험공부

하나는 디저트를 이미 먹은 후라서 또 디저트를 먹지 말아야 한다고 믿으면서도 두 번째로 디저트를 먹는 행위가 될 것이다. 만일 누군가가 [디저트를 또 먹으라고 협박하면서] 당신의 머리에 총구를 가져다 댔던 것도 아니고 도저히 저항할 수 없는 격한 충동에 빠졌던 것도 아니라면, 또 디저트를 먹겠느냐는 제안을 거절할 수도 있었다고 보는 것이 개연적이다. 밀그램은 "어떤 피실험자들은 자신들이 하고 있는 행위가 나쁜 일이라는 점을 전적으로 확신하고 있었다"(Milgram 1974, p. 10)고 말하며, 또한 [학생들에게] 계속해서 전기 충격을 가했던 다수의 피실험자들은 "그들이 더 이상 전기 충격을 줘서는 안 된다는 지적인 결심"(p. 148)을 하고 있었다고 말한다. 전기 충격을 가하는 역할을 실제로 포기할 수 있었다면, 피실험자들은 [실험에 참가할 당시에는 전기 충격을 주는 행위를 멈

를 할 것이다. 그러나 철수의 의지가 충분히 강하지 않다면, 즉 유혹을 이겨내지 못할 정도로 약하다면 철수는 비디오 게임을 하고 싶은 욕구에 굴복해서 시험공부를 하지 않게 될 것이다. '왜 우리는 때때로 스스로 옳다거나 해야만 한다고 여기는 행위를 하지 않는가?'와 같이 오래된 질문만큼이나 역시 오래된 상식적인 답은 '의지가 약해서'이다. 본문에서 저자가 말하는 의지가 약한 행위이자 피할 수 있었던 행위라는 것은 의지가 충분히 강했다면 하지 않을 수도 있었던 행위를 말한다. 밀그램의 실험의 경우, 학생에게 계속해서 전기 충격을 가해서는 안 된다는 올바른 판단을 함에도 불구하고 행위자(선생 역할을 담당하는 실험 참가자)는 권위에 복종하려는 욕구에 굴복해서 전기 충격을 계속한다. 그리고 상식적인 입장을 적용하자면 올바른 판단을 따르려는 의지가 충분히 강했을 경우 실험 참가자는 전기 충격을 가하지 않을 수도 있었다.

추지 않고 계속했기 때문에] 의지가 약한 방식으로 행위하고 있었다고 할 수 있다.

의지가 약한 행위의 반대편은 행위자 자신이 내린 더 나은 판단에 반대되는 행위를 하도록 압박이 주어지는 상황에서도 자기 통제를 보여주는 행위라고 할 수 있다.[16] 수행 의도에 대한 많은 연구들은 우리가 실제로 자기 통제를 발휘한다는 주장을 지지해 주며, 의식적인 의도가 실제로 우리의 의도적 행위에 영향을 끼치지 못한다는 생각에 반대하는 증거 역할을 한다.

수행 의도에 대한 연구는 분명히 다음과 같은 사실을 시사한다. 나중에 해야 할 최선의 행위라고 당신이 판단하는 것 (이를 테면, 다음 주에 운동을 하는 것 또는 당일까지 이력서 작성을 끝마치는 것)이 있다고 하자. 앞으로 그러한 행위를 하지 않으려는 동기가 생길 것으로 예상된다. 이러한 부정적 동기를 극복하기 위해서 사용할 수 있는 유용한 기술이란 단순히 그러한

---

16 의지가 약한 행위를 이루는 두 요소가 있다. (1) 무엇을 해야 할지 또는 하지 말아야 할지에 대한 적절한 판단, (2) 그러한 판단에 반대되는 욕구에 따르는 행위이다. 의지가 약한 행위의 반대편에 속하는 행위는 (1)과 (2) 각각에 반대되는 요소들을 포함한다. 즉 (1′) 무엇을 해야 할지 또는 하지 말아야 할지에 대한 적절한 판단에 반하는 행위를 하라는 압박, (2′) 그러한 압박에 반해서 적절한 판단을 따르는 행위이다. 여기서 자기 통제의 발휘는 (1′)의 압박에 복종하려는 욕구를 억누르고 자신의 적절한 판단을 따르도록 의지를 발휘하여 (2′)를 하는 것으로 이해할 수 있을 것이다.

판단을 내린 후 오래 지나기 전에 매우 구체적인 계획을 세워서 그러한 행위를 하려는 결심을 하는 것이다. 물론 적당한 정도의 하지 않으려는 동기에 대해서는 이러한 기술이 통하겠지만 하지 않으려는 동기가 상당한 수준으로 강할 경우에는 이 방법이 통하지 않을 것이다.

수행 의도가 상황주의에 관한 고전적인 실험의 참가자들이 맞닥뜨리는 문제를 해결해 준다고 제안하는 것은 아니다. 나는 단지 인간들이 자기 통제를 발휘할 것이라는 전망을 내비치는 낙관론을 지지하는 근거 그리고 이미 언급했던, 인간이 사실 좀비에 불과하다는 가설에 지나치게 고무될 필요가 없다는 것을 보여주는 근거를 제시할 뿐이다. 방관자 효과, 과도한 복종, 역할 수행의 영향력에 대처하는 데 핵심이 되는 것은 교육이다. 때로는 아는 것이 힘이다.

이상과 같은 이야기가 맞다고 하더라도, 고전적인 상황주의 연구들은 여전히 우리에게 불안감을 안겨준다. 이에 대한 한 가지 대응책은 인간의 행위자성human agency[17]에 대한 비

---

17 행위자성agency은 한 개인이 행위의 주체로 간주되기 위해서 갖추어야 할 성격을 말한다. 예를 들어, 누군가가 철수의 손을 잡고 위로 올렸다면, 위로 올라간 것은 철수의 손이지만 그러한 신체의 움직임을 철수의 행위라고 볼 수는 없다. 상식적으로 볼 때 적어도 철수가 손을 올리려는 의식적인 의도를 지니고 있고 이 의도가 손을 움직이는 원인 역할을 해야 할 것이다. 이 경우에 철수는 자신의 손이 올라가는 신체 동작의 주인이며 그러한 행위의 주체인 행위자의 자격을 갖추게 된다. 전통적으로, 행위자성과 자유의지는 매우

관론을 받아들이는 것이다. 어떤 사람들은 [비관론을 받아들인 결과] 인간의 의도적인 행위를 일으키는 주된 동력은 의식적으로 탐지되지 않는 영역에서 작용하며, 스스로가 한 행위의 이유에 대해서 우리가 이해하는 것이 거의 없다고 결론짓는다. 나는 이러한 결론과 상반된 주장을 지지하는 증거들에 대해서 논의하였을 뿐만 아니라, 상황이 끼치는 영향에 대한 지식을 통해 사람들이 상황을 합리적으로 다룰 수 있게 된다는 낙관론적 관점을 제시하고 이러한 관점이 갖는 몇몇 장점을 지적하였다.

이전 장들에서, 자유의지가 존재하지 않는다는 과학적 논증들을 명확하게 재구성하여 제시하였다. 이러한 작업을 이번에는 더 하기가 어렵다. 왜냐하면 [상황주의 연구에서 이루어진 발견을 근거로 자유의지가 존재하지 않는다는 결론을 이끌어 내는] 논증이 정확하게 어떤 형태가 되어야 하는지를 파악하는 것이 더 어렵기 때문이다. 다음과 같은 논증을 고려해 보자.

밀접한 관계를 맺는 것으로 여겨져 왔다. 누군가의 행위가 자유의지에 의한 행위가 아니라면 그것은 그 사람의 행위가 아니며 더 나아가서 주체적인 행위라기보다는 단순한 신체의 움직임에 불과하다는 평가를 받을 수 있다.

대담한 상황주의적 논증 요약

1. 인간의 행동은 그 사람이 처한 상황과 이러한 상황이 자동적인 행동 산출 과정에 끼치는 영향에 의해서 전적으로 추동된다.
2. 만일 전제 1이 참이라면, 어느 누구에게도 자유의지는 존재하지 않는다.
3. 따라서 누구도 자유의지를 지니지 않는다.

밀그램의 실험과 방관자 실험에서와 마찬가지로, 짐바르도의 스탠퍼드 감옥 실험에서 사람들이 처한 상황은 그들의 행동에 주목할 만한 영향을 끼쳤다. 간수들에게 일어난 일은 매우 흥미롭다. 평범한 대학생이 권력을 쥐자 다른 누군가에게 맨손으로 변기를 닦도록 시키려는 유혹에 어떻게 빠지게 되었는지를 이해할 수 있었다. 하지만 이런 유혹은 저항할 수 없는 것인가? 분명히, 죄수들에게 이러한 행위를 시킨 간수들은 그러한 유혹에 저항했어야 했다should have resisted the temptation. 그리고, 왜 간수들이 이러한 유혹에 저항할 수 있었다는 점이 부정되어야 하는가?[18] 간수들은 실제로는 유혹에 빠졌

---

18 상황주의적 논증을 지지하는 사람들의 주장에 따르면, 간수들은 자신들이 처한 상황 때문에 달리 할 수 없었다. 그러나 저자는 이렇게 봐야 할 이유가 무엇인지 의문을 제기한다. 본문에서 보게 되겠지만 저자가 염두에 두는 것은 유혹에 저항해야 했다는 당위적 이유가 저항할 수 있었다는 사실적 판단

음에도 불구하고 유혹에 저항할 자유가 있었을 것이다. 이 실험에서 간수들이 처한 상황은 그들이 (자신들이 새로 얻은 권력을 어떻게 사용할지에 있어서) 정도가 지나친 결심을 쉽게 하도록 만들었다. 하지만 나는 간수들이 처한 상황이 그들에게 실제로 [실험 속에서] 했던 행위를 하도록 **강제했다**compelled고 보지 않는다. 내 관점에서 보면, 간수들이 자신들의 비인간적인 발상들을 행위로 옮길지 말지는 여전히 일정 정도 그들 자신에게 달려있었다. 결국, 다수의 간수들은 잔혹 행위를 하려는 유혹을 받기는 했지만 실제로 잔혹 행위에 가담하지는 않았다. [실제 잔혹 행위를 했던] 더 나쁜 간수들은 자신들보다 더 나은 동료들[즉 잔혹 행위에 가담하는 것을 거부했던 간수들]처럼 행동하는 것이 그저 불가능했다고 믿어야만 하는가?

혹자는 우리가 행하는 모든 것이 우리가 처한 상황에 따라서 완전하게 결정되며, 우리는 이러한 상황에 대한 반응 방식을 전혀 제어할 수 없고, 이 때문에 나쁜 간수들은 달리 행동할 수 없었다고 주장할지도 모르겠다. 이러한 주장은 완전히

의 근거가 된다는 식의 논증이 아니다. 당위적인 문제와는 별개로, 행위자가 처한 상황이 특정 행위를 하도록 부추기는 역할을 할 수는 있지만 그 자체로 그러한 행위를 하도록 만들기에 충분한 원인이라는(또는 다른 행위를 할 수 없도록 강제하는 원인이라는) 주장을 입증하는 근거는 되지 않는다는 것이 저자의 요점이다. 간단히 말해서 상황의 영향이 존재하더라도 그 영향에 저항해서 행위할 수 있는 여지가 존재한다는 것이며 상황주의 실험은 이러한 여지를 배제하지 않는다.

틀렸다. 만일 상황이 정말로 행동을 완전하게 결정한다면, 동일한 상황에 처한 사람들은 모두 동일한 방식으로 행동하게 될 것이다. 그러나 간수들 중 오직 일부만이 잔혹 행위를 했고 다른 간수들은 그런 행위를 하지 않았다. 인간의 결심에 대한 비관론적 관점은 주어진 사실에 비추어 볼 때 참이 아니다.

죄수들의 경우는 어떤가? 왜 죄수들은 명령에 복종하는 것을 거부하는 대신 명령받은 대로 [손으로 변기를 닦는] 역겨운 행위를 하게 된 것인가? 그들에게 거절하는 것은 **불가능**했나?

간수 하나가 어떤 죄수에게 동료 죄수를 칼로 찌르라는 명령을 했다고 가정해 보자. 죄수는 그 명령을 따를 것인가? 아니면 [가상적인 죄수 역할에 너무 충실한 나머지] 정신적으로 무너져 내린 젊은이에게 짐바르도가 현실을 상기시키며 했던 것처럼, 그러한 명령은 죄수가 정신을 차리고 [이것이 실험일 뿐이며 진짜가 아니라는] 현실을 자각하게 만들 것인가? 만일 죄수들이 그들의 역할에서 빠져나올 수 있다면, 그들이 처한 상황이 그들의 자유의지를 박탈하는 것은 아니다.

밀그램의 실험에서, 실험 참가자들은 자신들이 학생들을 다치게 하고 있다고 믿었으며 어찌 되었든 계속해서 학생에게 고통을 입혔다. 다른 죄수를 칼로 찌르라는 명령을 받은 죄수 역시도 이와 비슷하게 행위할 것이라고 예상해야만 할까? 다음과 같은 중요한 사실이 간과되어서는 안 된다. 믿을 만한 권위를 가진 인물이 밀그램의 실험에 참가한 사람들에게 전기 충격은 아주 고통스러울 수 있지만 어떤 영구적인 조직 손상도 일으키지 않는다고 말했다는 사실 말이다. 하지만 짐바르도의 죄수들은 누군가를 칼로 찌르는 것은 신체 조직에 심각한 손상을 입힐 수 있음을 **알고** 있었기 때문에, 그렇게 심한 정도의 행위를 하는 데까지 나아가지는 않았을 거라고 믿는다. [동료 수감자를 칼로 찌르라는 명령을 듣게 되면] 죄수들은 정신을 차리고 현실로 돌아와서 간수의 명령에 불복종했을 것이다.

방관자 실험으로 돌아가 보자. [응급 상황에 처한 사람을] 도울 수 있는 다른 사람들이 주변에 있다고 믿는 실험 참가자는 자신의 결심에 대해서 어떤 통제력도 발휘할 수 없다고 말해야 할까? 방관자 실험처럼 익숙지 않은 응급 상황에 처하게 되면 무엇을 해야 할지 적어도 약간은 혼란을 겪는 것이 정상이다. 실험 참가자가 다른 네 명의 사람들이 자신의 주변에 있어서 도움을 줄 수 있다고 생각할 때, 아마도 네 명 중 한 명은 무엇을 해야 할지에 대해서 [실험 참가자 자신보다] 더 잘 파악하고 있을 가능성이 높다고 가정할 것이다. 설사 그렇다고 하더라도, 도와주려고 달려가는 것이 올바른 행위이기는 하다. 이를 알아차리는 데 시간이 조금 걸리더라도 실험 참가자들은 그렇게 하는 것이 올바르다는 것을 알아야 했다. 하지만 자신이 다수의 참가자 그룹에 속한다고 생각했던 실험 참가자들의 약 70퍼센트가 적어도 [피해자로 상정된 사람의] 제정신이 아닌 듯한 목소리를 들었던 2분 동안은 도우려고 달려오지 **않았다**는 사실을 상기할 필요가 있다. 이 사실은 우리를 불편하게 만들지만, 나는 그 당시에 실험 참가자들에게 자유의지가 없었다는 결론을 내리거나, 그들이 도움을 주려고 달려갈 자유가 없었다고 결론을 내리지는 않을 것이다. 그들은 잘못된 결심을 했고 아마도 그러한 결심은 자유롭게 이루어졌을 것이다. [도움을 주려고 달려 나가지 않은 약 70퍼센트의] 실험 참가자들도 30퍼센트의 다른 사람들이 실제로 행했던 것[즉 도움을 주려고 달려 나간 것]을 할 수도 있었다는 점을 부정해야 할 어떤 좋은 이유도 찾을 수 없다.

다른 네 명의 사람들이 주변에 있어서 도움을 줄 수 있다고 믿는 것이 올바른 결심을 하는 것을 더 어렵게 만든다는 점은 분명하지만, 이 때문에 올바른 결정을 내리는 것이 불가능해지는 것은 아니다. 실험 참가자들 중 약 3분의 1[이미 언급했던 30퍼센트]은 결국 올바른 결심을 했다. 이 실험의 참가자들은 그들이 처한 상황의 전적인 피해자는 아니라고 말하고 싶다. 그들은 자신들이 처한 상황의 영향을 받았지만 [그들의 결심이] 상황에 의해서 결정되지는 않았다.

같은 취지에서 다음 역시 이해할 수 있다. 밀그램의 실험 참가자들의 중 상당한 비율을 차지하는 사람들은 계속해서 전기 충격을 주라는 실험 수행자의 지시에도 불구하고, 학생에게 전기 충격을 가하는 것을 멈추었다. 만일 인간의 행동이 상황에 의해서 전적으로 추동된다면, 그 경우에 밀그램의 실험 참가자들은 모두 동일한 방식으로 행동했을 것이다. (그들 모두는 결국 동일한 상황에 처해 있었다.) 하지만 그들 모두가 같은 행동을 하지는 않았다.

만일 자유의지를 갖기 위해서는 상황의 영향으로부터 완전하게 자유로워야 할 필요가 있다고 생각한다면, [상황주의 실험에 참여한 사람들에게는] 자유의지가 없다고 결론을 내려야 할 것이다. 하지만 현실적으로 생각해 보자. 사람들은 자신들이 처한 상황들에 상당한 영향을 받으며, [그러한 영향의 크기는] 아마도 당신이 생각했던 것보다 훨씬 더 클 것이다. 설사 그렇다고 해도 여기서 문제는 사람들이 많은 경우에 자유의지에 의해서 행위할 수 있을 정도로 자신들이 하는 일에 충분한 통제권을 갖고 있는가이다. 당신의 생각은 어떤가? 설사 당신이 과학적 실험의 피실험자가 되어본 적이 한 번도 없다고 하더라도 방관자의 상황에 처하는 것은 분명히 현실 속 당신에게도 일어날 수 있는 일이라는 점을 유념하라. 따라서 만일 번잡한 거리에서 공격을 당하고 있는 젊은 여성이나 사람들로 북적대는 쇼핑센터에서 미끄러져 넘어지는 노인을 본다면, 당신이 이들을 도우려고 할지 말지는 일정 정도 당신 자신에게 달려있지 않을까? 상황주의 실험을 통해 이루어진 발견들은 이것이 당신에게 달려있는 일이 아니라는 증명에는 한참 미치지 못한다. 그리고 당신은 방관자 효과에 해당하는 상황에서 [상황의 영향 때문에] 어떤 행위를 하게 될 수도 있는지를 알고 있기 때문에, [방관자 상황이 닥치게 되면 주변인들에게 책임을 떠넘기는 것이 아니라] 스스로 책임을 지고 상황을 통제하려는 특별한 노력을 기울이게 될 수도 있다! 아는 것이 힘이다. 사전 경고를 통해서 우리는 미리 대비할 수 있다.

Chapter 6

자유의지와 과학적 증거

몇 년 전 세계 과학 축전World Science Festival에서 나는 신경과
학자 패트릭 해거드Patrick Haggard, 심리학자 대니얼 웨그너
Daniel Wegner, 사회자인 폴 너스Paul Nurse가 토론 진행을 주
관하는 자리에서 자유의지에 대해서 토론했다. 장소는 뉴욕
시의 92번가 Y였고 토론자들 앞에는 수많은 열정적인 청중들
이 있었다. 이 토론 세션에 대한 뉴욕타임스 기사에 고무된
많은 블로거들이 자신들의 블로그에 글을 올렸다. 이들 중 일
부는 자유의지의 존재를 믿는다고 올렸고, 다른 일부는 정반
대의 견해를 표명하면서 과학적 연구 결과들을 근거로 인용
하였다. 그들 대부분은 상당히 자신감에 찬 태도를 보였다.
나는 블로거들이 '자유의지'라는 표현을 이해하는 방식이 매

우 다양하다는 사실에 충격을 받았다. 어떤 이들에게 자유의지는 완전히 마술적이거나 절대적으로 제약되지 않은 것이어야 했다. 다른 사람들은 매우 현실적인 방식으로 자유의지가 무엇인지에 대한 생각을 개진했다. 당신도 예상하겠지만, 블로거들이 자유의지의 존재를 받아들이는지 아니면 부정하는지는 그들이 설정한 기준이 얼마나 높은지에 따라서 달라지는 경향이 있었다.

서로 다른 사람들이 각각 설정하는 자유의지의 기준이 어느 지점에 위치하는지의 문제는 이번 장의 후반부에서 다룰 것이다. 이는 자유의지에 대한 찬성과 반대의 증거를 다루는 문제, 즉 이번 장의 중심 논제와 얽혀있다.

자유의지의 존재를 지지하는 증거란 무엇인가? 그 대답은 당신이 '자유의지'라는 말을 무슨 뜻으로 사용하는지에 달려 있다. 1장에서 나는 자유의지에 대한 세 가지의 서로 다른 관점들을 대략적으로 소개했다. 영혼의 존재에 대한 찬성 또는 반대의 증거를 논의하는 것은 이 책의 논의 범위를 넘어서기 때문에, 앞으로 영혼의 존재를 요구하지 않는 두 가지 관점들에만 집중할 것이다.

이 중 한 관점에 의하면, 당신이 도가 지나친 강제하에 놓여 있지 않을 때, 정보에 근거하여 합리적으로 결심을 할 수 있고 그러한 결심에 기초하여 행위할 수 있는 능력을 가지고 있다면, 당신이 자유의지를 소유하고 있다고 간주하기에 충분하다. [자유의지를 소유하기 위한 충분조건에 관한] 이러한 관점은 내가 1장에서 보통기름에 비유하여 설명한 자유의지에 해당한다. 이를 **온건한 자유의지**modest free will 라고 부르자. 우리 대부분은 확실히 적어도 일부 시점에 이런 능력을 갖고 있는 것으로 보인다. 그리고 때때로 방금 말한 것과 같은 종류의 결심을 하고 그에 따라 행위할 때 우리가 이러한 능력을 발휘하는 것으로 보인다. 우리는 삶을 살면서 이러한 능력이 우리 자신을 비롯해서 우리와 상호작용하는 타인들 안에서도 때때로 발휘된다는 증거를 얻는다. 나는 여태까지 과학적 발견들이 당신이 얻은 이러한 증거를 약화시킨다고 주장하는 몇몇 논증들에 대해서 설명했다. 하지만 나는 또한 이러한 과학적 발견들이 원래 입증하기로 되어있는 내용을 모두 입증한 것은 아닌 이유를 설명했다.

어떤 독자들은 내가 **심오한 열려있음**이라고 불렀던 것이 자유의지의 존재를 위해서 필요하다고 믿을지도 모른다. 이 사람들은 온건한 자유의지의 관념에 뭔가 중요한 것을 추가해야만 한다고 말한다. 그들의 주장에 따르면, 추가되어야만 하는 것은 이미 일어난 모든 것을 비롯해 자연법칙과 양립가능한 대안적인 결심들이 자유의지를 지닌 행위자에게 열려있어야 한다는 조건이다.[1] 이러한 내용의 자유의지를 '**야심 찬 자유의지**ambitious free will'라고 부르자. 이는 1장의 주유소 비유에서 중간 품질 기름으로 이야기한 것과 연관된다.

야심 찬 자유의지에 관한 논쟁은 금세 매우 전문적인tech-
nical 것으로 바뀐다. 여기서 나는 전문적인 내용은 피하려고
애쓸 것이다. 이번 주 초에 내 친구 한 명이 기금을 마련하기
위한 행사에서 바텐더 자원봉사를 해달라는 요청을 받았다.
그녀는 때로는 그런 요청에 응하기도 하고 때로는 거절하기
도 한다. 이러한 결정과 관련이 있는 요인으로는 현재 얼마나
바쁜지, 행사에서 추구하는 대의명분에 얼마나 관심을 갖고
있는지, 그리고 최근에 얼마나 많이 자원봉사 활동을 해왔는
지와 같은 것들이 있다. 이번에 내 친구는 자원봉사 요청에
응하기로 결심했다. 이제 당신이 애용하는 미디어 플레이어
를 통해 현재 시청하고 있는 영화를 되감는 것과 유사한 방식
으로 시간을 뒤로 되돌릴 수 있다고 상상해 보자. (실제로는 시
간뿐 아니라 우주 전체를 되돌려야 하겠지만 말이다.) 이에 더해서
다음 역시 상상해 보자. 내 친구가 결심을 한 뒤에, 시간을 되

---

1 이미 1장에서 설명했듯이, 실제로는 행위자가 시점 t에 행위 A를 했지만, A
를 행하려는 결심을 하기 직전까지의 행위자의 심적 상태, 두뇌 상태, 주변
상황 등을 비롯한 모든 사실이 변함없이 동일하고, 자연법칙 역시 그대로인
조건하에서 시점 t로 시간을 되돌린다면 행위자가 A가 아닌 다른 결심을 하
는 것이 가능해야만 한다는 것이 심오한 열려있음의 내용이다. 반면에 온건
한 자유의지의 정의에 따르면, 동일한 조건하에서는 행위자가 t 시점에는 A
를 하는 것 외에는 다른 결심을 할 수 없도록 결정되어 있다고 하더라도, A를
하려는 그의 결심이 외적 강제에 의한 것이 아니며 스스로가 근거를 가지고
합리적으로 판단한 결과라면 자유의지에 의해서 행위가 이루어졌다고 볼
수 있다.

감기해서 그녀가 긍정적 답변을 하기로 결정하기 직전의 순간으로 돌아갈 수 있다고. [이렇게 되돌아간 시점에] 모든 것은 처음에 그랬던 것과 정확히 동일하다. 하지만 다시 시간을 앞으로 돌리고 사태가 진행되면서 그다음으로 일어난 일은 그녀가 요청을 거부하기로 결심하는 것이다. 이러한 상상은 심오한 열려있음이 어떤 것인지 묘사하는 한 방법이다. 만일 내 친구가 결심을 했던 시점에 심오한 열려있음을 지니고 있다면, 그보다 약간 앞선 순간으로 시간을 매번 뒤로 되돌릴 때마다 일어나는 다시 보기replay 중에서 그녀는 다른 결정을 내리기도 할 것이다.

야심 찬 자유의지가 존재한다는 사실을 뒷받침하는 증거가 우리에게 있는가? 당신은 아마도 우리가 그런 증거를 갖고 있다고 말할지도 모르겠다. 우리가 무엇을 해야 할지 확신에 차 있지 않고 문제가 되는 사안에 대해서 고심하고 있을 때는 둘 이상의 결심들이 우리에게 열린 선택지로 주어져 있다는 느낌이 든다. 그러나 야심 찬 자유의지에 의해서 요구되는 깊은 방식으로 서로 다른 선택지들이 우리에게 열려있지 **않다고** 해서 우리가 느끼는 것이 달라질까? 우리가 살고 있는 우주와 (우리 자신을 포함해서) 그 우주 안에 있는 모든 것들이 돌아가는 방식을 전제로, 자연법칙에 대한 완전한 정보와 수십 년 전의 전체 우주에 대한 완벽한 서술이 입력된 가상의 슈퍼컴퓨터가 우리가 앞으로 결심하게 될 모든 것들을 연역해 낼 수 있다면, [확신이 없는 상태에서 서로 다른 선택지들을 두고 고민할 때] 우리가 느끼는 것이 달라질까? 자연법칙과 일정한 과거 시점에 우주가 처한 상태를 전제로, 우리가 지금까지 실제로 내린 각각의 모든 결정은 결정을 내렸던 바로 그 방식과 결정을 내린 시점에 느꼈던 그 느낌 그대로 이루어지는 것이 필연적으로 참이라고 하자. 이렇다면 우리가 느끼게 되는 것이 [우리가 특정한 결정을 내릴 때 특정한 방식으로 결정하고 특정한 느낌을 느끼게 된다는 것이 필연적으로 참이 아닌 경우와] 달라질까?

내가 알고 있는 것에 한해 참이라고 확신할 수 있는 대답은 이렇다. [모든 것들이 필연적으로 일어나도록 결정되어 있다고 해도 결심을 할 때] 통상적으로 우리가 느끼는 방식, 우리가 지금 느끼는 방식 그대로 느낄 것이다. 나는 지금 우리에게는 심오한 열려있음이 주어져 있지 않다고 말하는 것이 아니다. 나는 심오한 열려있음과 그것의 부재absence 사이의 차이가 우리에게 **느껴질** 수 있는can be felt 종류의 것이 아니라는 점을 지적하고 있는 것이다. 우리는 종종 앞으로 우리가 무엇을 할지에 대해서 불확실한 느낌을 갖는다. 하지만 앞서 언급했던 가상의 슈퍼컴퓨터가 연역해 낸 것들을 알고 있는 어떤 사람이 우리가 앞으로 하게 될 일에 대해서 확신한다고 하더라도 우리는 [앞으로 할 결심들에 대해서] 정확히 동일한 느낌을 가질 수 있다.[2] 앞으로 결심하게 될 것이 무엇인지를 알

지 못하는 것과, 앞으로 결심하게 될 것에 대해서 심오한 열려있음을 지니는 것은 별개의 문제이다.[3]

나는 코카콜라와 펩시콜라의 차이를 **맛을 봐서** 분별할 수 없다. 그리고 [이와 비슷하게] 내가 보기에는 어느 누구도 심오한 열려있음과 그것의 부재 사이의 차이를 **느낄** 수 없다. 하지만 현재 누군가가 유리잔에 따르고 있는 콜라가 코카콜라인지 아니면 펩시콜라인지 아니면 또 다른 상표의 콜라인지를 판별하는 데 도움이 되는 증거를 수집할 수 있는 다른 방

2 당연히 우주의 모든 사건이 결정되어 있고 무엇이 일어날지를 아는 사람과, 앞으로 하게 될 결심에 대해서 뭔가를 느끼는 사람은 같은 사람이 아니다. 지금 문제가 되는 것은 앞으로 하게 될 결심이 무엇인지를 모르는 상태의 사람이 불확실한 상태에서 결심을 하게 될 때 느끼는 느낌이 모든 것이 결정되어 있을 때와 그렇지 않을 때 달라질 수 있는가이다. 따라서 결심을 하게 되는 사람이 앞으로 자신이 내리게 될 결정을 알게 된다면 더 이상 불확실한 상태는 없고, 애당초 질문이 성립하지 않는다.

3 어떤 결심을 내려야 할 때 우리는 정보 부족 등의 이유로 앞으로 어떤 결심을 하게 될지에 대한 불확실성에 직면한다. 달리 말해서, 지금 당장은 얼마 뒤에 내가 어떤 결정을 내릴지 확신할 수 없는 상황에 처한다. 이런 경우에 우리는 불확실성으로 인해 어떤 느낌을 갖게 된다. 이러한 불확실한 느낌 때문에 마치 현재 우리에게 복수의 선택지들이 열려있는 것처럼 생각하고 이로 인해서 우리가 심오한 열려있음을 생각하게 될 수 있다. 그러나 불확실성의 느낌은 미래의 결심에 대한 나의 무지에서 비롯되는 것이지, 이런 느낌의 존재 자체는 심오한 열려있음이 나에게 주어져 있는지 아니면 내가 할 결심이 결정되어 있는지와는 무관하다. 어느 경우이든 내가 미래를 알 수 없는 한에서 불확실성의 느낌은 다르지 않을 수 있기 때문이다. 요컨대, 결정을 내리기 위해 고민할 때 느껴지는 느낌이나 기분, 감정상태 자체는 우리가 야심 찬 자유의지와 같은 특정 유형의 자유의지를 소유하는지의 여부에 대해서 직접적으로 함축하는 바가 없다.

법은 있다.[4] 그리고 적어도 원칙적으로는 우리가 심오한 열려 있음을 지니고 있는지 아니면 그렇지 않은지를 분별해 내는 데 도움이 되는 증거를 수집할 수 있는 방법들이 존재한다. 심오한 열려있음이 존재하는지의 여부를 밝혀내는 것이 불가능하다고 말하려는 것이 전혀 아니다. 나의 주장은 단지 그러한 발견이 우리가 어떻게 느끼는지에 주목하는 방법으로는 이루어질 수 없다는 것뿐이다.

그렇다면 심오한 열려있음을 지지하는 강력한 증거가 존재하는가? 어떤 과학자들은 자신들이 초파리에 대한 연구를 통해 이와 유사한 증거를 발견했다고 말한다(Brembs 2011). [이러한 연구가 맞다면] 만일 초파리가 이제 막 왼쪽으로 방향을 틀었다고 할 때 그 순간을 기점으로 일정 순간만큼 시간을 뒤로 돌린다면, 그 초파리는 이번 다시보기에서는 오른쪽으로 방향을 틀 수도 있다. 그러나 이것은 초파리가 자유의지를 가지고 있다는 증거가 전혀 아니다. 대신에 일부 사람들이 자유의지가 존재하기 위해 필수적이라고 간주하는 것, 즉 비결정론적인 행동 산출 과정이 초파리에게 존재한다는 것을 보여주는 증거일 뿐이다. 그리고 만일 그러한 행동 산출 과정들이

---

4 맛으로는 분간할 수 없지만 콜라가 들어있는 용기의 상표를 확인한다든가 아니면 콜라가 유통된 과정을 추적함으로써 제조업체를 확인할 수 있다. 직접 내가 주관적인 느낌이나 감가으로는 분간할 수 없는 것들도 다른 객관적인 방식으로 분별하는 것이 가능하다.

초파리 안에서 일어난다면, 그러한 과정들은 우리가 진화를 통해서 물려받은 유산의 일부이기도 할 것이다. 즉 비결정론적 행동 산출 과정들은 우리 안에도 존재할 것이다.[5]

조그마한 동물에서 시작하여 전체 우주로 넘어가는 거대한 도약을 해보자. 양자역학에 대한 주류 해석에 의하면, 진정한 의미에서의 운chance이 우주의 구조를 구성하는 한 요소가 된다. 만일 어떤 특정한 광자가 방금 왼쪽으로 운동 방향을 바꿨다고 할 때 시간을 그보다 약간 더 전으로 되돌린다면, 그 광자는 이번 다시보기에서는 오른쪽으로 방향을 전환할지도 모른다. 현재 우리가 알고 있는 것으로 봐서는, 우주와 우리

---

5 특정 개체의 행동을 야기하는 일련의 인과적인 과정이 비결정론적일 수 있다. 양자역학이 옳다면 미립자 수준에서 일어나는 인과적인 과정은 비결정론적이고 확률적으로 일어나기 때문이다. 그러나 이 자체는 야심 찬 자유의지의 존재와 동일시될 수 없다. 야심 찬 자유의지를 갖는 행위자의 행위가 있다면, 시간을 되돌렸을 때 이번에는 그가 실제로 한 것과 다른 행위를 하는 경우가 존재할 것이다. 전자(야심 찬 자유의지에 의한 행위)는 후자(시간을 되돌릴 때 달리할 수 있음)의 충분조건이고 후자는 전자의 필요조건이다. 그러나 시간을 돌렸을 때 다른 행동을 하는 경우가 있다고 해서 이것만으로 야심 찬 자유의지가 되기에는 충분하지 않다. 동작회로를 구성하고 있는 비결정론적인 미립자의 운동의 결과로 복수의 선택지 중에 하나가 인과적으로 야기되어 동작이 이루어지는 로봇이 있다고 해서 이것만으로 그 로봇이 자유의지가 있다고 할 수는 없다. 초파리도 비결정론적인 생물학적 로봇이라고 할 수 있다. 심오한 열려있음에 해당하는 자유의지가 성립하려면 결심이 일어나는 것이 비결정론적일 뿐 아니라 어떤 식으로든 행위자 자신이 스스로의 결심을 통제할 수 있어야 한다. 비결정론적 확률 법칙에 의해서 무작위로 일어나는 심적 사건은 주체 스스로가 통제하는 사건이 아니다.

의 두뇌 모두 심오한 열려있음과 야심 찬 자유의지가 존재할
여지를 남겨두고 있다.[6]

6 이러한 저자의 주장은 논쟁의 여지가 있다. 질량이 매우 작고 속도가 광속에
   접근하는 미립자의 영역에서는 분명 비결정론적인 법칙에 따라서 입자의
   운동이 이루어진다. 그러나 인간의 두뇌에서 이루어지는 의식적인 숙고를
   동반하는 행위들이 인간 두뇌를 구성하는 뉴런들을 이루고 있는 미립자들
   의 비결정론적인 운동에 의해서 달라질 수 있는지는 전혀 확실하지 않다.
   미립자 단계에서의 불확정성 또는 미결정성은 보다 상위의 단계(분자, 세
   포, 신경조직 등)에 있는 보다 훨씬 크고 훨씬 느린 요소들의 운동에서 차이
   를 낳을 정도는 아닐 수 있다. 예를 들어, 시냅스들 사이에서 일어나는 신경
   전달물질의 교환에서 신경전달물질의 운동은 뉴턴 역학 수준에서 충분히
   정확하게 예측될 수 있다. 다음을 참고하라. 빅터 J. 스텐저Victor J. Stenger,
   장영재 옮김, 2016, 〈자유의지와 자율의지: 우리는 행동에 책임을 질 수 있
   는가〉,《Korea Skeptic》8권, 서울: 바다출판사, pp. 164-6. 또한 설사 두뇌
   가 일종의 양자장치이며 비결정론적으로 작동한다고 하더라도 이것만으로
   는 자유의지의 존재를 입증하기에 결코 충분하지 않다. 확률적인 두뇌의 작
   동이 우리의 의식적 숙고와 결심의 과정을 낳는다면 이것을 의지의 자유라
   고 보기는 어렵다. 이 두 번째 논점은 철학계 내에서 교과서적으로 지적되어
   온 것이다. 예를 들어 다음을 보라. Conee, Earl. and Sider, Theodore.
   2005. *Riddles of Existence: A Guided Tour of Metaphysics*. Oxford:
   Oxford University Press, pp. 122-5; Harris, Sam. 2012. *Free Will*. New
   York: Free Press. pp. 29-30.
     물론 저자가 위와 같은 논점들을 모를 리는 없지만 대중서의 특성상 이런
   복잡한 문제까지는 다루려 하지 않는 것으로 보인다. 마지막으로, 저자가 야
   심 찬 자유의지로 규정한 종류의 자유의지를 지지하는 일군의 철학자들 중
   에는 비결정론적인 의사결정 과정이 자유의지에 있어서 필수적이라고 생각
   하는 사람들이 있다. 이들 역시 이러한 비결정론적 과정이 단순한 무작위적
   으로 사고 과정에 개입할 경우에는 결심이나 행위는 행위자에게 달려있다
   고 볼 수 없음을 인정한다. 문제는 정확하게 의사결정과정의 어떤 지점에서
   비결정론적 요소가 있어야 야심 찬 자유의지로 간주할 수 있는 의지가 발생
   하는지를 설명하는 것이다. 이와 관련해서 한국어를 통해서 접근 가능한 문
   헌으로는 다음의 책이 있다. 대니얼 대닛 Daniel Dennett, 이한음 옮김,

이 책에서 내가 논의했던 실험들은 이미 설명했듯이 온건한 자유의지가 존재할 가능성을 배제하지 않는다. 따라서 이러한 실험들을 통해서 야심 찬 자유의지의 존재를 배제하기 위한 유일한 방법은 야심 찬 자유의지의 성립을 위해서 온건한 자유의지에 추가되는 요소, 즉 심오한 열려있음이 존재하지 않는다는 것을 입증하는 것이다. 혹자는 내가 서술했던 신경과학의 실험들이 두뇌가 결정론적으로 작동하기 때문에 심오한 열려있음이 존재할 여지가 남아 있지 않다는 것을 입증했다고 생각할지도 모르겠다. 그러나 해당 실험들은 그런 어떤 것도 입증한 바 없다. 지금쯤 당신이 이 논점을 납득했기를 바란다. 실험 참가자가 어떤 행위를 할지를 두뇌 활성화에 대한 측정 기록을 통해서 예측하는 데 있어서 가장 인상적인 성공률이라고 해봤자 80퍼센트에 불과하다.[7] 여기서 우리가 가진 것은 확률뿐이다. 따라서 우리가 가진 증거는 두뇌가 결정론적으로 작동하지 않는다는 주장과 양립가능하다.

만일 우리에게 심오한 열려있음이 있을 경우 우리의 두뇌는 비결정론적으로 작동할 필요가 있는데, 실제로 우리의 두

2003/2009, 《자유는 진화한다》, 파주: 동녘사이언스. 이 책의 4장을 참고하라.

[7] 두개골을 열어서 뇌 표면에 직접 전극을 배치한 후 두뇌 활동을 측정한 실험에서 얻은 정확도가 이에 해당한다. 3장 참고.

뇌가 이런 식으로 작동한다는 강력한 증거가 존재하는가? 결심을 하는 바로 그 순간의 직전에 이를 때까지, 때때로 두뇌 속에서 그다음에 발생할 사건에 대한 서로 다른 중요한 가능성들이 실제로 존재하는가?[8] 나는 이러한 가능성들의 존재를

---

8   결심을 하기 직전에 이르러 특정한 결심을 하도록 만드는 원인 역할을 하는 어떤 두뇌 사건이 있다고 하자. 이 두뇌 사건이 어떤 것이 될지가 미리 결정되어 있지 않다면, 동일한 시점에 서로 다른 결심을 내릴 수 있는 가능성이 두뇌 사건의 발생 직전까지 존재한다. 여기서 '서로 다른 중요한 가능성들 different important possibilities'이란 사실상 어떤 결심을 할지에 대해 실질적인 차이를 낳을 수 있을 정도로 차이가 있는 가능성들을 말한다. 예를 들어, 철수가 식후에 아이스크림을 사 먹을지 말지를 고민하며 결심을 내리기 직전이다. 그리고 앞으로 내릴 결심의 원인이 되는 두뇌 사건의 발생에 관한 서로 다른 중요한 가능성들이 있다고 하자. 실제로 철수는 어떤 특정한 결심(이를 테면, 바닐라 아이스크림을 사 먹는다는 결심)을 했을 것이다. 그러나 그럼에도 불구하고 동일한 시점에 철수가 유의미한 차이가 있는 다른 결심들(이를 테면, 아이스크림을 사 먹지 않겠다고 결심하거나 아이스크림은 몸에 나쁘니 무설탕 껌을 씹어서 식욕을 달래자고 결심하는 등)을 할 수도 있었다. 이 사례에서 중요하지 않은 가능성은 다음과 같이 생각해 볼 수 있다. 철수는 별다른 사전 행동 없이 식후에 곧바로 아이스크림을 사 먹기로 결심했다. 이렇게 실제로 일어난 일과는 달리 철수가 머리를 휘젓는다든가 "끙" 하는 신음소리를 낸다든가 아니면 불안한 표정을 짓는다든가 하면서 아이스크림을 먹는 결심을 하고 사 먹는 행위를 했다고 해보자. 그러면 분명 철수가 실제로 행동으로 옮긴 결심과는 인과적 과정이나 결과는 약간 다르겠지만 결국 아이스크림을 사 먹는다는 점에서는 실질적으로 다를 바가 없다. 다른 예를 들자면, 누군가를 죽이고 싶은 충동을 느낀 사람이 어떤 방식이 되었든 살인 행위를 하려고 결심하는 것과 살인을 하지 않기로 결심하는 것 사이에는 중요한 차이가 있으며 이 두 가지 가능성이 모두 열려있다면 이는 확실히 자유의지의 문제와 관련해서 유의미한 차이가 된다. 그러나 반면에 어쨌든 살인할 결심을 하는 것은 피할 수 없고 단지 두뇌 사건이 약간 달리 일어나서 약간 덜 폭력적으로 살인을 저지를 가능성만이 열려있다면 이는 서로 다른 중요한 가능성으로 볼 수 없다.

뒷받침하는 어떠한 설득력 있는 증거도 본 적이 없다. 논쟁의 여지는 여전히 열려있다. 인간의 두뇌는 심대하게 복잡하다. 두뇌 [속에서 일어났던] 사건이 어떤 것에 의해서도 결정되지 않았으며 부분적으로 운의 문제였는지를 파악할 수 있을 정도로 실험 조건을 통제하는 것은 극도로 어려운 일이며 현재로서는 확실히 불가능하다.

만일 내 물리학자 친구들의 말이 맞다면, 가이거 계수기 Geiger counter(핵 방사능이 나오는 것을 탐지하는 휴대용 기계)가 내는 소리를 야기하는 원인은 특정한 종류의 입자들의 방사성 붕괴이다. 그런데 이러한 방사성 붕괴의 원인은 결정론적이지 않다. 이러한 설명이 실제로 일어나는 일을 제대로 반영한다고 가정해 보자. [가이거 계수기에서 나오는] 음파가 고막을 건드린 후 두뇌에서 일어나게 되는 일들이 결정론적으로 진행되지 않는다는 것을 우리는 어떻게 아는가?[9] 우리는 이에 대해 알지 못하는 것 같다. 하지만 우리는 두뇌 속에서 일어나는 일들이 결정론적으로 진행되는지 역시도 알지 못한

---

9 저자의 친구들인 물리학자들의 설명이 옳다면 가이거 계수기가 발생시키는 음파의 원인이 되는 사건(입자의 방사성 붕괴)은 비결정론적이다. 그러나 음파가 고막을 건드리고, 청각 신호가 두뇌의 특정 영역에 도달해서 그 영역의 특정 뉴런들이 활성화되는 등의 일련의 두뇌 사건들까지도 비결정론적이라는 보장은 없다. 우리는 아직 그러한 두뇌 과정을 낱낱이 알지 못한다. 따라서 이 과정이 비결정론적인지는 현재로서는 알 수 없다.

다.[10]

야심 찬 자유의지조차도 여전히 열려있는 선택지이다. 과학은 이러한 종류의 자유의지가 존재한다는 가능성을 배제하지 못했다. 그렇다면 왜 과학자들은 자유의지가 환상이라고 말하는가?

자유의지를 믿는지에 대해서 질문을 받을 때 나는 그 대답이 '자유의지'를 무슨 의미로 쓰는지에 달려있다고 말하면서 이야기를 시작한다. 제프가 나에게 거주 외국인resident alien이 존재하는지를 묻는다고 가정해 보자. 나는 미국에 거주하는 루마니아 시민인 내 친구 플로리와 같은 사람들을 생각하면서, 그렇다고 답한다. 하지만 그가 염두에 두고 있는 것은 다른 행성에서 와서 지구에서 거주하는 외계인이다. 따라서 그는 내가 지구에서 거주하는 외계인들의 존재를 믿고 있다고 추론할 것이다. 때때로 존재에 대해서 주장을 하기 전에 먼저 [그러한 주장 속에서 사용되고 있는] 표현을 통해서 우리가 의미하는 것이 무엇인지를 말하는 것이 중요하다.

---

10 두뇌 밖에서 두뇌 활동의 활성화를 일으키는 자극이 비결정론적인 원인에 의해서 일어나는지 아닌지는 물리학의 지식을 동원해서 알 수 있을지도 모른다. 그러나 두뇌 내부에서 일어나는 과정을 촉발하는 원인이 비결정론적이라는 것을 우리가 알게 된다고 하더라도, 두뇌 내부 과정까지 비결정론적이라는 결론을 타당하게 끌어낼 수 없다. 적어도 현재까지, 우리는 두뇌에서 일어나는 일련의 사건들이 결정론적인지 비결정론적인지 알 수 없다.

지난 십 년간 과학자들이 자유의지가 환상임을 입증했다는 생각은 여러 차례 매체들을 통해서 다루어졌다. 이러한 주장을 하는 과학자들이 말하는 '자유의지'는 언론 매체의 대다수 독자들이 의미하는 것과 거의 동일한 것을 의미하는가? 자유의지가 환상이라고 주장하는 과학자들 중 일부가 '자유의지'의 의미에 대해서 뭐라고 말하는지 한번 살펴보자.

2008년에 《오늘날의 생물학Current Biology》이라는 학술 잡지에 실린 글에서 리드 몬터규Read Montague는 다음과 같이 쓰고 있다.

자유의지는 우리가 물리적인 과정과 조금이라도 닮아 있는 어떤 것에도 의존하지 않은 채 선택을 하고 사고를 한다는 견해이다. 자유의지는 영혼의 관념과 가까운 친족 관계를 맺는다. 여기서 영혼의 관념은 당신 자신, 당신의 사고들과 느낌들이 당신의 육체를 구성하고 있는 물리적인 기제로부터 분리되어 있으며 별개라는 개념이다. 이러한 관점에 의하면, 당신의 선택은 물리적 사건이 원인이 되어 일어나는 것이 아니고 대신에 물리적 서술이 가능한 범위 밖에 놓여 있으며 말로는 설명할 수 없는 어딘가로부터 전적으로 형성된 결과로 출현한다. 이것은 자유의지가 자연선택에 의해서 진화된 결과일 수 없다는 것을 함축한다. 만일 자유의지가 자연선택에 의한 진화의 결과로 나타난 것이라면 인과적으로 연결되어 있는 사건들의 계열 속에 곧바로 놓여 있을 것이기 때문이다(Montague 2008, p. 584).

자유의지에 관한 이러한 묘사는 자유의지를 명백하게 마법과 같은 것으로 만들어 버린다. 생물학자 앤서니 캐시모어Anthony Cashmore는 2010년에 출판된 글에서 다음과 같이 말한다. "만일 우리가 '영혼의 마법'에 대한 믿음을 견지하는 사치를 더 이상 누릴 수 없다면, 자유의지의 개념을 지지하기 위해서 제공할 수 있는 것이 거의 없다"(Cashmore, p. 4499). 이어서, 그는 다음과 같이 쓰고 있다. "자유의지의 개념을 수용할 여지를 마련해 주는 어떤 분자구조 모형도 존재하지 않는 상황에서, 나는 데카르트의 이원론이 건재하다는 결론을 내릴 수밖에 없다. 즉 데카르트와 마찬가지로, 우리는 여전히 인간 행동에는 마법적인 요소가 존재한다고 믿는다(그렇게 믿는 것이 아니라면 믿는 척하는 것일 테지만 말이다)"(p. 4503).

2011년에 출판된 책, 《뇌로부터의 자유: 무엇이 우리의 생각, 감정, 행동을 조종하는가?》에서 신경과학자 마이클 가자니가는 자유의지가 유령 같은 요소 또는 비물리적인 요소와 함께 "당신이라는 어떤 비밀스러운 것some secret stuff that is YOU"을 필수요소로 동반한다고 말한다(Gazzaniga 2011, p. 108).[11] 명백하게 이것은 '자유의지'가 무엇을 의미하는지에 관한 과학적 발견을 보고하는 것이 아니다. 가자니가는 이 표현을 자신이 어떻게 이해하고 있는지를, 즉 '자유의지'가 그 자신에게 의미하는 바가 무엇인지를 말하고 있을 뿐이다. 몬터규와 캐시모어의 경우에도 마찬가지이다. 그들은 '자유의지'라는 표현을 통해서 **자신들이** 무엇을 의미하는지를 말하고 있다. 가자니가가 '자유의지'를 통해서 의미하는 바를 고려하면, 그의 관점에서 "자유의지는 우주의 본성에 대한 현대의 과학적 지식에 의해서 입증된 바 없으며/없거나(and/or) 이러한 지식과 충돌하는 … 사회적이고 심리적인 믿음에 기초하여, 잘못 등장한 개념"이라는 점은 놀랄 일이 아니다(Ibid., p. 219).

오늘날 자유의지에 관해 저술하는 철학 교수들의 압도적인 다수는 자유의지를 마법적, 초자연적, 또는 비자연적인 것으로 보지 않는다. 이 사람들은 몬터규, 캐시모어, 가자니가가 제시하는 자유의지에 대한 서술을 기괴하다고 거부할 것이다.

'자유의지'가 무엇을 의미하는지에 대해서 견해를 달리하는 철학 교수와 생물학 교수가 친밀한 분위기에서 서로의 의견 불일치에 대해 토론을 한다고 해보자. 이 경우에 만일 얼마 지나지 않아서 이들 중 한 명이 상대방이 일상적인 용어법에서 벗어난 특별한 방식으로 '자유의지'라는 표현을 사용하

11 많은 신경과학자들은 자유의지를 부정하는 만큼이나 자아의 존재 역시 부정한다. 자아가 존재한다는 생각은 환상이며 신체 동작들이 내가 행한 것이라는 착각을 불러일으키는 원인이라는 것이다. 이전의 각주에서도 내가 지적했던 것처럼, 자아, 행위자성, 자유의지는 밀접하게 연관되어 있다.

고 있다고 말한다면 이는 놀랄 일이 아니다. 이제 생물학자들은 자신들이 생물학자라는 단순한 사실이 자신들에게 '자유의지'의 의미에 대한 어떤 특별한 통찰도 제공하지 않는다는 점을 깨닫는다. (어떤 생물학자들은 철학자들 역시 '자유의지'의 의미에 대하여 어떤 특별한 통찰도 지니고 있지 않다고 믿을 것이며, 이러한 믿음의 근거로 철학자들 사이에서도 이 사안에 관하여 의견 불일치가 존재한다는 사실을 내세울지도 모르겠다.) 생물학자들은 '자유의지'라는 표현의 의미로 자신들이 이해하는 것은 그들이 받아온 교육이 만들어낸 인위적 결과라고 생각하면서, 자신들이 '자유의지'의 일상적 용어법을 제대로 접하지 않고 살아왔을 거라는 가설을 고려하게 될 수도 있다. 사람들을 참가시키는 실험을 수행할 때, 과학자들은 분명히 한 사람보다는 더 큰 규모의 표본집단을 선호한다.[12] 그리고 과학자들은 누구나

---

12 인간이 실험의 대상이 될 때는 성격, 자라온 배경, 교육의 정도, 사회적/정치적 견해 등이 개인마다 차이가 있기 때문에 되도록 다양한 사람들을 포함하는 표본을 마련하는 것이 필요하다. 과학자들이 실험을 할 때는 이 사실을 당연히 알고 있기 때문에 규모가 큰 표본을 선호하게 되는 것이다. 그렇다면 같은 식의 논리를 '자유의지'의 의미에도 적용할 수 있다. 과학자도 사람이며 따라서 특정한 개인적 성격, 양육 과정, 교육, 사회정치적 배경 등의 영향을 받게 된다. 따라서 단순히 과학자 개인의 마음속에서 떠오르는 단어의 의미는, 과학자 자신이 속한 언어사용집단 전체에 적용되는 통상적인 용어법에 어느 정도 부합하는지를 따져보기 전까지는 그 단어의 통상적인 의미로 간주될 수 없다. 그럼에도 불구하고, 앞서 본문에서 보았듯이, 몬터규, 캐시모어, 가자니가와 같은 과학자들은 '자유의지'가 초자연적인 영혼의 힘과 같은 것을 가리키는 것처럼 사용하면서 이것이 일상적 용어법과 동떨어진

다음과 같은 사실을 파악할 수 있다. 만일 과학자가 '자유의 지'의 의미를 결정하는 작업을 시작하는 방식이 단순히 이 단어의 의미에 대한 자기 자신의 느낌이나 직관을 참고하는 것일 뿐이라면, 그 경우에 ('자유의지'의 의미에 관해서 실수를 범하지 않는 것이 중요성을 갖는 한) 과학자는 더 나은 방법을 찾아야만 한다. (물론 혼자서 머릿속으로만 생각하는 단순한 방법은 철학자들에게도 권장되지 않는다.)[13]

철학 교수와 생물학 교수 사이의 가상적 토론은 아마도 둘 중 누구도 ['자유의지'의 의미가 무엇인지에 대한 각자의 주장을 설득력 있게 뒷받침하는] 근거를 제시하지 못한 채 천천히 중단되는 수순을 밟게 되었을 것이다. 이런 일이 일어난다면, 이 교수들은 그저 의견 불일치가 있다는 사실에 대해서만 의견 일치를 본 채로 각자 갈 길을 가야만 하는 것인가? 그

것이라는 점에 대해서 반성적으로 고찰하지 않는다. 평소 그들이 실험을 할 때의 태도를 고려하면, 이 경우에도 다수의 표본집단을 꾸려서 집단 내의 사람들이 '자유의지'를 일상적으로 어떻게 사용하는지에 관한 자료를 수집하고 분석해야만 한다.

13 전통적인 철학적 방법은 소위 선험적a priori인 것으로, 경험적 탐구에 의존하지 않고 스스로의 머릿속에서 개념들을 분석하고 사고 실험을 하는 것이다. 철학자가 해야 할 일이 어떤 사태의 본질을 추론적 과정 없이 직관하는 것이라고 보는 철학자들의 경우도 마찬가지이다. 이 역시 경험적 탐구를 요구하지 않는다는 점에서 순수하게 선험적이다. 그러나 '자유의지'와 같은 단어가 일상적으로 어떻게 쓰이는지를 파악하는 것은 경험적 조사를 필요로 한다.

대신에 생물학자도 철학자도 아닌 중재자를 찾아야만 할까? 만일 그렇다면, 그들은 어디서 그런 중재자를 찾아야 하는가?

여기 한 가지 제안이 있다. 비전문가들이 '자유의지'라는 말을 무슨 의미로 사용하는지에 대해서 심리학과 실험 철학 experimental philosophy[14] 분야에서 수행한 흥미로운 연구들이 있다. 이러한 연구에서는 설문 조사를 실시했으며, 지금까지 수천 명의 사람들이 설문에 응했다. 만일 우리의 가상적 토론 자들이 이러한 연구를 살펴볼 수 있다면, 그들은 수집된 자료의 상당 부분이 다음의 견해를 지지하고 있는 사실을 발견하게 될 것이다. 내가 몬터규, 캐시모어, 가자니가의 저술에서 인용했던 '자유의지'의 의미에 대한 대담한 주장들은 오직 소수의 사람들만이 받아들이는 견해라는 사실이다. (이에 대해서 관심이 있는 독자들에게는 다음의 연구를 참고할 것을 권한다. Mele 2012, Monroe and Malle 2010, Nahmias and Thompson 2014) 예를 들어, 설사 많은 사람들이 영혼의 존재를 믿는다고 하더라도, 이들 중 다수는 자유의지를 영혼의 존재에 의존하는 것으로 간주하지 않는다는 상당한 증거가 있다. 몬터규, 캐시모

---

14 실험철학은 경험적 탐구를 통해서 수집한 자료를 바탕으로 전통적인 선험적 철학적 방법론을 비판적으로 분석하고 철학적 문제를 새로운 각도에서 접근하려는 철학의 분야이다. 실험철학자들은 철학자들이 가지고 있는 자유의지의 개념이나 철학자들의 직관이 경험적 방법으로 조사된 일상인들의 견해와는 거리가 있다는 것을 밝히려는 연구들을 수행해 왔다.

어, 가자니가는 자유의지가 성립하기 위한 기준을 사람들이 설정하는 기준에 비해서 너무 높게 설정한 것 같다. 그리고 내가 설명했듯이 이들이 이렇게 높은 기준을 설정하는 이유는 과학 자체로부터 나오는 것이 아니다. 대신, 이 과학자들은 단순히 그들 자신이 '자유의지'라는 단어를 어떤 의미로 사용하는지를 우리에게 말해주고 있을 뿐이다.

나는 왜 몇몇 과학자들이 자유의지가 존재하지 않는다고 말하는지에 대해서 물었다. 여기 간단한 답이 있다. 이 사람들은 자유의지가 존재하기 위한 기준을 어처구니없이 높게 잡았기 때문이다. 뭐가 되었든지 존재 기준을 극단적으로 높게 설정함으로써 그것이 존재하지 않는다고 논증할 수 있다는 것은 누구나 어렵지 않게 알 수 있다. 예를 하나 들어보자. 밥은 위대한 야구선수는 한 번도 존재한 적이 없다고, 즉 위대한 야구선수들의 존재는 단지 환상일 뿐이라고 주장한다. 내가 밥에게 설명을 좀 해달라고 요구하면, 그는 다음과 같이 말한다. 위대한 야구선수는 적어도 타율이 4할 이상이 되어야 할 필요가 있고, 적어도 열 번 이상 완봉승 투수가 되어야 하며, 최소한 2000개의 홈런을 쳐야 한다고. 그 누구도 여태까지 이렇게 믿기 어려운 업적을 달성했던 적이 없다는 밥의 말은 옳다. 만일 그러한 기준을 충족시키는 것이 위대한 야구선수가 되는 길이라면, 위대한 야구선수는 아직 존재한 적이 없으며 밥은 맞는 말을 한 것이다. 하지만 야구에 관심이 있는 우리 대부분은[15] 위대한 야구선수가 되기 위한 기준을 훨씬 낮게 설정할 것이며, 이렇게 기준을 낮게 설정하는 것에 대해서 전혀 당혹스러워하지 않는다. 베이브 루스Babe Ruth와 윌리 메이스Willie Mays는 위대한 야구선수들이었고 그 외의 다른 많은 야구선수들 역시 위대했다. 야구선수의 위대함에 대한 밥의 요구 조건은 터무니없이 지나치다.

자유의지의 존재를 위한 기준을 어느 정도까지 높게 설정해야 할까? 이것은 확실히 흥미로운 문제이며 철학자들이 오랜 시간 논쟁해 온 주제이기도 하다. 기준을 높게 설정하면 할수록 자유의지가 환상이라고 보게 될 확률이 높아진다는 것을 지적하고 싶다. 높은 기준으로는 다음 두 가지가 있다. 첫째, 자유의지를 지니기 위해서는 선행하는 두뇌 활동과 전적으로 독립적인 의식적 선택을 할 수 있어야 한다. 둘째, 자유의지를 지니기 위해서는 유전학적인 요소나 (우리가 처해 있는 상황들을 포함한) 환경적인 요소의 제약으로부터 완벽하게

15 저자는 미국인이고 미국인 독자들을 염두에 두고 있기 때문에 '우리 대부분'이 야구에 관심이 있다고 말한 것이다. 영국을 비롯한 영어권 국가들 중에서 야구가 대중적인 스포츠가 아닌 국가는 꽤 있다. 한국인들은 어느 정도 야구에 대한 지식이 있을 것이라고 생각하기 때문에 여기서 타율이니 완봉승이니 하는 것들에 대해서 따로 설명하지는 않겠다. 여담을 하나 하자면, 하버드의 고생물학자였던 스티븐 제이 굴드는 자신의 저작들 중 하나에서 야구를 예로 들어서 꽤 긴 설명을 한 적이 있는데, 영국인인 저명한 생물학자 리처드 도킨스가 굴드의 저작에 대해서 비평을 하면서 미국인이나 알아들을 수 있는 야구의 사례를 들어서 설명을 한 것에 분노를 표출한 적이 있다.

벗어나 있어야 한다. 현재 우리의 의식적인 선택이 선행하는 두뇌 활동으로부터 전적으로 독립되어 있지 않으며 유전학적, 환경적 요인의 제약으로부터 우리가 완벽하게 벗어나 있지 않는다는 훌륭한 증거가 있다. 그러나 이러한 증거가 자유의지의 존재를 위협하기 위해서는 자유의지의 존재를 위한 기준이 터무니없이 높게 설정될 필요가 있다.

자유의지에 관한 우리의 생각이 현실 세계와 관련성을 가질 수 있도록 해주는 좋은 방법은, 우리의 행위에 대해 도덕적인 공적을 인정하거나 도덕적인 비난을 할 수 있기 위해서 필요한 것이 자유의지라는 관점을 취하는 것이다. 자유의지를 이런 식으로 생각해 보자. 그렇다면 도덕적인 관점에서 볼 때 사람들이 자신들이 한 일에 대해서 그 공적을 인정받거나 비난을 받아야 마땅하다는 느낌이 드는 것이 이치에 맞는 일이라고 생각할 수 있다. 그리고 이렇게 보는 한, 사람들이 때로는 자유의지를 발휘한다는 것 역시도 이치에 맞는 일이라고 받아들여야 한다. 중요한 쓸모의 관점에서 자유의지에 대해 생각해 본다면, 자유의지의 성립 기준을 현기증이 날 정도로 높게 설정하려는 열정을 억누르는 것이 보다 쉬워질 것이다.

가자니가가 자유의지를 마술적이고 과학에 반하는 것으로 보고 부정하기는 했지만, 그는 책임responsibility and accountability[16]에 대해서는 아주 다른 관점을 취한다. 그는 "사람들에게 책임을 지우는 것을 부정할 어떤 과학적인 이유도 없다"(Gazzaniga 2011, p. 106)라고 썼다. 혹자는 설사 사람들이 실제로는 책임이 없을지라도 그들에게 책임을 **지우는 것**hold people responsible 자체는 좋은 생각이라고 말할 수도 있을 것이다. 하지만 가자니가는 이런 생각을 옹호하는 것이 아니다. 명백하게, 그는 자유의지보다 책임에 대해서는 훨씬 더 낮은 기준을 설정한다. 하지만 내가 이미 말했듯이, 가자니가는 자유의지의 성립을 위해 스스로 설정한 기준에 대해서 어떤 과학적인 근거도 내놓지 않는다. 과학으로부터 나오는 어떤 것도 가자니가가 설정한 책임에 대한 기준에 들어맞게끔 그가 설정하는 자유의지의 성립 기준을 낮추는 것을 막지 않는다. 만일 그가 그렇게 자유의지의 기준을 낮추게 된다면, 그는 자유의지가 환상이라고 믿을 만한 어떤 과학적 근거도 없다고 말할 수도 있을 것이다!

자유의지의 존재에 대한 과학적인 도전을 일반 용어들을 사용해서 논의하는 것이 나를 불편하게 만든다는 점을 고백해

---

16 'responsibility'와 'accountability'는 일상적으로는 유의어로 쓰이지만 영역에 따라서 구분되어 쓰이기도 한다. responsibility는 자신이 지켜야 할 의무에서 나오는 책임을 말하며(예를 들어, 타인의 권리를 침해해서는 안 된다는 의무를 어기고 타인의 권리를 침해한 경우에는 그에 대한 책임을 진다), accountability는 스스로의 행위에 대한 책임뿐 아니라 자신에게 책임이 있는 행위를 할 때 그러한 행위의 이유 역시 설명할 수 있는 능력을 포함한다(예를 들어, 조직의 운영을 책임지는 관리자는 조직 운영에 관한 방침을 정하고 그러한 방침을 따를 때 그 이유에 대해서 설명할 수 있어야 한다). 여기서는 따로 구분하지 않고 '책임'으로 번역하였다.

야겠다. 그러한 도전을 적절하게 논의하기 위해서는 자유의지가 환상이라는 것을 보여주기 위해서 설계된 실험들을 서술하고 왜 그런 실험들이 그러한 목표를 성취하지 못하는지를 설명할 필요가 있다고 믿는다.[17] 이와 같은 논증들의 일반적인 구조는 이제까지 본 것처럼 단순하다. 첫 번째 단계에서는, 어떤 주요 경험 명제를 지지하기 위해서 자료들이 제시된다. 이런 경험 명제의 예를 들면, 의식적인 의도는 결코 그에 상응하는 행위의 원인들 중 하나가 아니라는 명제가 있다. 두 번째 단계에서는, 주요 경험 명제가 '자유의지'의 의미에 관한 저자의 관점의 일정 측면들을 표현하는 명제와 결합되어 자유의지는 존재하지 않는다는 결론을 낳는다. 그러나 이전 장들에서 내가 옹호했던 결론 중 한 가지는 그런 자료들이 이러한 형태의 논증들 속에서 나타나는 다양한 주요 경험 명제들을 정당화하지 않는다는 것이다. 만일 [이러한 과학적 논증들을

17 저자가 이제까지 논의했던 것은 서로 다른 과학의 영역에서 이루어진 실험들을 바탕으로 자유의지가 존재하지 않는다는 결론을 이끌어 내려는 논증들이었다. 이 책의 마지막 장에서 이러한 논증들의 공통적인 구조를 서술하는 것은 이제까지의 논의를 요약적으로 정리하는 데 도움이 될 것이다. 그러나 이렇게 공통적인 구조를 추상해 내려면, 개별 논증이 갖는 구체적인 특성을 제거하고 일반적인 내용을 갖는 용어들로 서술할 필요가 있다. 저자는 이렇게 일반 용어로 서술하는 것이 불편하다고 말한다. 개별 논증들이 의존하는 실험의 구체적인 내용을 정확하게 서술해야만 각각의 논증이 지니는 문제점이 정확하게 드러나기 때문이다. 하지만 이제까지의 논의를 요약하는 취지에서 마지못해 일반적인 서술을 하겠다고 저자는 말하는 것이다.

비판하기 위해서 내가 개진한] 논증들이 성공적이라면, '자유의지'가 무엇을 의미하는지에 관한 주장들을 검토할 필요도 없이 과학적 논증들이 실패한다는 것이 밝혀진 것이다.[18]

　일부 철학자들을 비롯해서 어떤 사람들은 온건한 자유의지는 진정한 자유의지가 아니라고 말한다. 너무 온건하다는 것이다. 어떤 독자들은 이들의 주장에 동의하겠지만 다른 독자들은 동의하지 않을 것이다. 나는 자유의지에 관해 저술을 하면서 언제나 이러한 논점에 대해서는 중립을 지켜왔다. 하지만 나는 (《자율적인 행위자Autonomous Agents (1995)》와 《자유의지와 운Free Will and Luck (2006)》에서) 자유의지가 존재한다

---

18 2장에서 5장까지 자유의지를 부정하기 위해서 동원된 과학적 논증들을 다루면서 저자는 이런 논증들이 갖고 있는 여러 가지 문제점을 지적하였다. 이러한 비판 역시 논증에 해당한다. 저자가 각 장마다 개진한 논증들에서 공통적으로 나타나는 핵심적 비판 한 가지는 과학자들이 얻게 된 실험 결과의 내용(경험 명제)만으로는 과학적 논증을 구성하는 전제가 참이라는 것이 보장되지 않는다는 것이다. 예를 들어, 밀그램의 실험 결과는 일부의 간수들이 가혹행위를 했다는 것을 보여줄 뿐, 동일한 상황에서 인간은 가혹행위를 할 수밖에 없으며 주어진 상황이 그 자체로 행위의 무의식적인 원인이 된다는 전제가 참이라는 것을 보여주지 않는다. 리벳의 실험도 마찬가지다. 준비전위의 활성화에 대한 측정 기록은 준비전위가 활성화되는 시점에 무의식적인 결심이 일어났다는 전제를 지지하지 않는다. 자유의지를 부정하는 과학적인 논증들의 전제가 참이라고 믿을 만한 적절한 근거가 없다면, 논증이 설사 연역적으로 타당하다고 하더라도, 실제로 결론이 참이라고 볼 이유가 없다. 따라서 과학적 논증의 지지자가 어떤 의미로 '자유의지'라는 단어를 사용하든지 논증이 실패하는 한 자유의지에 대한 이들의 공격은 격퇴될 수 있다.

는 주장은 자유의지가 존재하지 않는다는 주장보다 더 신뢰할 만하다고 주장했다. 보다 최근의 저서인《효과적인 의도 Effective Intentions (2009)》에서, 나는 가장 위협적인 과학적 발견(자유의지가 환상임을 보여준다고들 하는 발견)이라고 이야기되는 것들이 나의 이러한 입장을 약화시키지 못한다고 논증했다. 이 책에서도 나는 같은 취지의 주장을 뒷받침하는 논증을 제시했다. 만일 우리 주변에 환상이 도사리고 있다면, 그것은 바로 자유의지가 존재하지 않는다는 주장을 지지하는 강력한 과학적 증거가 있다는 환상이다.

이제 이런 질문이 나올 것이다. 그래서 자유의지가 있다는 말인가? 만일 ['자유의지'라는 단어가] 내가 '온건한 자유의지'라고 부르는 것을 의미한다면 나는 주저 없이 자유의지가 존재한다고 대답할 것이다. 만일 내가 '야심 찬 자유의지'라고 부르는 것을 의미한다면 나는 아직 이에 대해서는 판정이 나지 않은 상태라고 대답할 것이다. 사실 아직 판정이 나지 않았다는 논점이 이 책이 전달하는 주요한 교훈이다. 과학자들이 자유의지가, 심지어 야심찬 자유의지조차도, 환상이라는 것을 입증한 바가 없다는 것은 거의 확실하다. 현재로 봐서는 야심 찬 자유의지의 개념이 대중들 사이에 널리 퍼져 있는 것 같다. 그렇지 않다면 적어도 온건한 자유의지의 개념을 많이들 받아들일 것이다.

참고문헌

Baumeister, R., E. Masicampo, and C. DeWall. 2009. "Prosocial Benefits of Feeling Free: Disbelief in Free Will Increases Aggression and Reduces Helpfulness." *Personality and Social Psychology Bulletin* 35: 260 – 8.

Brembs, B. 2011. "Towards a Scientific Concept of Free Will as a Biological Trait: Spontaneous Actions and Decision-Making in Invertebrates." *Proceedings of the Royal Society Biological Sciences* 278: 930 – 9.

Cashmore, A. 2010. "The Lucretian Swerve: The Biological Basis of Human Behavior and the Criminal Justice System." *Proceedings of the National Academy of Sciences of the United States of America* 107: 4499 – 504.

Darley, J., and B. Latané. 1968. "Bystander Intervention in Emergencies: Diffusion of Responsibility." *Journal of Personality and Social Psychology* 8: 377 – 83.

Dweck, C., and D. Molden. 2008. "Self-Theories: The Construction of Free Will." In *Are We Free? Psychology and Free Will*. Edited by J. Baer, J. Kaufman, and R. Baumeister. New York: Oxford University Press.

Fried, I., R. Mukamel, and G. Kreiman. 2011. "Internally Generated Preactivation of Single Neurons in Human Medial Frontal Cortex Predicts Volition." *Neuron* 69: 548 – 62.

Gazzaniga, M. 2011. *Who's in Charge? Free Will and the Science of the Brain*. New York: HarperCollins.

Gollwitzer, P. 1999. "Implementation Intentions." *American Psychologist* 54: 493 – 503.

Gollwitzer, P., and P. Sheeran. 2006. "Implementation Intentions and Goal Achievement: A Meta-Analysis of Effects and Processes." *Advances in Experimental Social Psychology* 38: 69 – 119.

Haggard, P., and E. Magno. 1999. "Localising Awareness of Action with Transcranial Magnetic Stimulation." *Experimental Brain Research* 127: 102 – 7.

Haney, C., W. Banks, and P. Zimbardo. 1973. "Interpersonal Dynamics of a Simulated Prison." *International Journal of Criminology and Penology* 1: 69 – 97.

Kihlstrom, J. 2008. "The Automaticity Juggernaut—or Are We Automatons After All?" In *Are We Free? Psychology and Free Will*. Edited by J. Baer, J. Kaufman, and R. Baumeister. New

York: Oxford University Press.

Libet, B. 1985. "Unconscious Cerebral Initiative and the Role of Conscious Will in Voluntary Action." *Behavioral and Brain Sciences* 8: 529 – 66.

Libet, B. 2004. *Mind Time*. Cambridge, MA: Harvard University Press.

Mele, A. 1995. *Autonomous Agents*. New York: Oxford University Press.

Mele, A. 2006. *Free Will and Luck*. New York: Oxford University Press.

Mele, A. 2009. *Effective Intentions*. New York: Oxford University Press.

Mele, A. 2012. "Another Scientific Threat to Free Will?" *Monist* 95: 422 – 40.

Milgram, S. 1963. "Behavioral Study of Obedience." *The Journal of Abnormal and Social Psychology* 67: 371 – 8.

Milgram, S. 1974. *Obedience to Authority*. New York: Harper & Row.

Monroe, A., and B. Malle. 2010. "From Uncaused Will to Conscious Choice: The Need to Study, Not Speculate About People's Folk Concept of Free Will." *Review of Philosophy and Psychology* 1: 211 – 24.

Montague, P. R. 2008. "Free Will." *Current Biology* 18: R584 – 5.

Nahmias, E., and M. Thompson. 2014 "A Naturalistic Vision of Free Will." In *Current Controversies in Experimental Philosophy*. Edited by E. O'Neill and E. Machery. Boston: Routledge.

Ramachandran, V. 2004. *A Brief Tour of Human Consciousness*. New York: Pi Press.

Soon, C. S., M. Brass, H. J. Heinze, and J. D. Haynes. 2008. "Unconscious Determinants of Free Decisions in the Human Brain." *Nature Neuroscience*. 11: 543 – 5.

Vohs, K., and J. Schooler. 2008. "The Value of Believing in Free Will: Encouraging a Belief in Determinism Increases Cheating." *Psychological Science* 19: 49 – 54.

Wegner, D. 2002. *The Illusion of Conscious Will*. Cambridge, MA: MIT Press.

Youngsteadt, E. 2008. "Case Closed for Free Will?" *ScienceNOW Daily News*. April 14.

Zimbardo, P. n.d. "Stanford Prison Experiment." http://www.prisonexp.org.

Zimbardo, P., C. Haney, W. Banks, and D. Jaffe. 1973. "The Mind Is a Formidable Jailer: A Pirandellian Prison." *The New York Times Magazine*, Section 6, April 8: 38 – 60.

찾아보기

자유의지와 과학

초판 1쇄 발행 | 2022년 4월 29일

지은이 | 앨프리드 R. 밀리
옮긴이 | 이풍실
펴낸이 | 이은성
편 집 | 최지은
디자인 | 백지선
펴낸곳 | 필로소픽

주 소 | 서울시 종로구 창덕궁길 29-38 4-5층
전 화 | (02) 883-9774
팩 스 | (02) 883-3496
이메일 | philosophik@hanmail.net
등록번호 | 제2021-000133호

ISBN 979-11-5783-245-3 93100

필로소픽은 푸른커뮤니케이션의 출판 브랜드입니다.